잊혀진 지혜

인생의 블루프린트 십계명

잊혀진 지혜

인생의 블루프린트 십계명

지은이 **김한요**

QTM

추천사

십계명은 우리에게 너무 익숙하지만, 우리가 그것을 지켜 행해야 한다는 부담 때문에 마음의 창고 깊은 곳에 간직한 채 잊고 살기 쉽습니다. 김한요 목사님은 박물관에 진열된 것 같은 십계명의 두 돌판을 성도들의 집 안에 걸어 놓게 하려고 이 책을 쓰셨다고 합니다. 그 바람대로 김 목사님의 책은 십계명을 창고에서 꺼내 우리 마음판에 다시 걸어 줍니다.

이 책의 안내를 따라 십계명을 묵상하면서 우리가 얼마나 하나님의 긍휼이 필요한 존재인지, 이미 얼마나 크고 놀라운 긍휼을 받았는지 깨닫게 됩니다. 풍부한 예화와 모범적이고 정통신학에 충실한 강해, 더 나아가 우리가 어떻게 주의 긍휼을 이웃에게 흘려보내는 통로로 살아갈 수 있는지 보여 주는 생활의 적용을 만날 수 있습니다.

또한 이 책은 십계명이 어떻게 신약과 연결되고 그리스도 안에서 성취되며 적용되는지 쉽게 풀어 줍니다. 마치 천국의 제자 된 서기관을 보는 것 같습니다. 각 장에 있는 적용 질문은 다시 한번 생각하게 해 주는 좋은 포인트 역할을 합니다. 이 책을 읽는 모든 분이 십계명이 오늘 우리의 삶을 향한 하나님의 지혜요, 거룩한 인생을 위한 블루프린트임을 다시금 배울 수 있기를 원합니다. 천국 곳간에서 하나님의 긍휼과 지혜를 꺼내 오기 원하는 모든 분께 이 책을 적극 추천합니다. 그래서 거룩이 필요한 이 시대에 인생의 목적이요, 결혼의 목적인 거룩을 이루어 가는 삶을 살아가시길 기도합니다.

김양재 | 우리들교회 담임목사,
QTM 대표

오늘날은 기준이 사라진 시대입니다. 지금 우리가 겪고 있는 시대적 혼란의 원인이 여기에 있습니다. 기준 없이 각자의 소견에 옳은 대로 생각하고 판단하니 혼란스러울 수밖에 없습니다. 그렇기에 성경이 말하는 기준을 회복하는 일이 시급합니다. 성경이 말하는 기준의 정수는 십계명입니다. 이 책은 십계명으로 대표되는 율법의 오해와 필요성을 자세히 설명함과 동시에 십계명의 깊은 의미를 알 수 있도록 안내합니다.

저자 김한요 목사님은 성경의 메시지와 우리 일상을 잘 연결하여 적용하는 탁월한 설교자입니다. 이 책에서도 저자는 십계명의 의의와 의미를 더 깊이 깨닫게 할 뿐 아니라 그 깨달음을 삶 가운데 살아낼 수 있도록 안내합니다. 이 책을 통해 많은 배움과 얻음이 있을 줄 믿으며 기쁘게 추천합니다.

이찬수 | 분당우리교회 담임목사

조국 교회의 현실에 대한 안타까운 탄식이 곳곳에서 들리고 있습니다. 어디서부터 출발해야 할까? 세상의 번영에 마음을 빼앗기고 안녕을 추구하며 믿음이 희석되어 가는 우리 자신과 조국 교회의 현실을 자각하고 다시 한번 죄와 악을 깨달아 전심으로 주만 섬기는 자리로 돌아올 때 하나님께서는 반드시 우리를 만나 주시고 복을 주신다고 말씀하셨습니다.

이럴 때 주님이 그 백성을 위해 친히 기록해 주신 모든 계명의 핵심이 되는 십계명의 메시지를 새롭게 묵상하면서 계명의 본질과 깊이를 깨달아 우리 심령이 기경되고 은혜의 소낙비가 임하게 되기를 기대합니다. 김한요 목사님의 말씀을 해석하는 탁월한 눈과 목양적 풍성함이 잘 담긴 이 책이 하나님의 새로운 역사의 도구로 사용될 것을 기대하면서 이 귀한 책을 적극 추천드립니다.

화종부 | 남서울교회 담임목사

그동안 주옥같은 많은 책을 저술하신 김한요 목사님께서 또 하나의 주옥같은 책을 내셨다. 『인생의 블루프린트 십계명』이라는 제목의 책이다. 하나님의 말씀은 일점일획이라도 땅에 떨어지지 않는다는 것을 기독교 신자라면 다 알고 있다. 그런데 구약의 말씀은 복음으로 말미암아 더 이상 유용하지 않다고 생각하는 신자들이 적지 않고, 심지어 십계명노 그렇게 보는 신자들이 있다. 그런 분들은 물론이고 모든 기독교 신자에게 이 책을 추천하고 싶다. 십계명이 담고 있는 많은 지혜를 접하게 될 것이고 나침반을 얻은 것처럼 삶의 방향을 잡을 수 있을 것이다.

정승원 | 총신대학교 조직신학 교수

책을 집필해서 출간하는 저자들의 공통된 관심사가 있다. 자신의 책이 독자들의 구미를 당겨 유익을 줌과 동시에 잘 팔리는 것 말이다. 그런 점에서 '십계명'에 관한 주제로 되어 있는 본서는 독자들의 관심이나 흥미를 끌지 못하는 책일 수도 있다. 그런 점에서 나는 본서의 출간을 아주 반갑고 기쁘게 생각한다. 독자들의 '요구'(felt-need)보다는 그들에게 '꼭 필요한 양약'(real need)이기 때문이다.

'십계명'이라고 하면 예수님이 오시기 전인 구약시대에나 필요했던 케케묵고 고리타분한 율법으로 생각하는 이들이 많다. 복음을 모르던 시절 이스라엘 백성을 얽어매는 딱딱한 규율서 정도로 이해하는 이들도 꽤 있다. 그러나 십계명은 천국의 시민권자들이 살아가야 하는 생활 규범이라 할 수 있다. 기차가 선로 위에 있어야 안전하고 행복하듯, 하나님의 자녀들에게 십계명은 꼭 그러한 책이다.

본서의 저자는 미국 이민교회에서 설교에 재능이 많은 목회자로 널리 알려져 있다. 그의 글을 읽으며 새롭게 확인한 사실 하나는 그가 글쓰기에도 상당한 재주가 있다는 점이다. 원어적 의미와 차별화되는 콘텐츠를 잘 버무려 책의 질을 높임은 물론, 감칠맛 나는 예증을 들어 쉽게 설명하는 문장력에다가, 막힘없이 술술 읽히는 가독성은 저자만이 지니는 최대의 장점이라 평가할 수 있다. 남은 생을 천국 시민답게 멋지게 잘 살아 볼 마음이 있는 모든 분에게 김한요 목사의 십계명 강해를 강력하게 추천한다.

신성욱 | 아신대학교 설교학 교수

기준이 실종된 시대, 신의 자리에 인간이 앉아 군림하는 세상이다. 자격 없는 어설픈 신이 만들어 가는 세상은 결국 혼돈과 무질서로 가득하다. 선과 악의 기준이 모호해졌다. "죄"라는 단어 자체가 실종되고 말았다. 상대주의가 기승을 부리고 있다. 선명한 기준이 절대적으로 필요한 시대, 저자는 우리로 하여금 십계명에 주목하게 한다. 일반적으로 이해하는 엄중하고 부담스러운 율법으로, 억압과 통제를 위해 주어진 것이 아니라 자유함과 풍성한 삶으로 이끌어 주는 사랑의 법으로 십계명을 소개하고 있다. 저자 특유의 섬세함으로 쉽고도 친숙하게 십계명을 풀어냄으로써 설득력 있게 파고든다. 모호하고 혼란한 시대에 명쾌한 답을 찾던 그리스도인들이라면 이 책을 들어야 할 것이다.

이규현 | 수영로교회 담임목사

김한요 목사님이 쓴 십계명에 대한 책을 읽으면서 한 편의 아름다운 설교를 곁에서 듣는 듯한 행복을 누립니다. 한 번 듣고 지나가는 설교와 달리 마음이 가는 구절에서는 잠시 호흡을 멈추고 그 말씀에 나타난 하나님의 얼굴 표정을 묵상하기도 하고, 자신의 모습을 돌아보기도 합니다. 십계명에 대한 깊은 신학적 반추도 뛰어나지만, 오늘날 우리 삶에 생생하게 적용되도록 풀어 가는 저자의 노력은 학문적 열정과 목자적 따스함을 동시에 담고 있습니다. 우리가 잊혀진 지혜처럼 여기는 십계명이 살아서 걸어 나와 내 삶을 노크하도록 우리 앞에 펼쳐 놓았습니다.

이 책은 십계명의 강해를 넘어 하나님의 말씀을 사모하도록 인도해 줍니다. 나아가 계명마다 들어 있는 하나님의 심장 소리를 듣게 하고 모든 말씀을 성취하신 예수님을 바라보게 합니다. 계명 앞에 여전히 허물로 얼룩진 우리 모습을 발견하지만 한없는 하나님의 자비하심과 사랑에 십계명은 무섭거나 무거운 율법이 아니라, 우리를 향한 하나님의 사랑 노래라는 것을 깨닫게 됩니다. 이보다 더 세차게 삶을 변화시키고 주님을 더 사랑하도록 이끌어 주는 십계명에 대한 책을 찾아보기란 어려울 것입니다.

류응렬 | 와싱톤중앙장로교회 담임목사,
고든콘웰신학교 객원교수

예수님은 "율법을 폐하러 온 것이 아니라 완전하게 하기 위해 왔다"(마 5:17)라고 말씀하십니다. 그럼에도 오늘날 많은 그리스도인이 '십계명'을 포함한 율법을 구시대의 것으로 여기며 살아갑니다.

이에 저자는 이러한 율법과 십계명에 대한 우리의 오해를 바로잡아 줍니다. 십계명은 우리의 생활을 억압하고 제한하는 법이 아니라, 우리가 예수 그리스도 안에서 그 생명을 얼마나 풍성히 누리며 자유로울 수 있는지 깨닫게 해 주는 법이라고 외칩니다.

저자는 십계명을 보는 우리의 시각을 교정해 줍니다. 하나님께서 우리가 하나님 안에서 참된 자유를 누리도록 십계명을 주셨음을, 또한 진리를 알수록 그 진리가 주는 자유를 누릴 수 있음을 역설합니다. 바라기는 이 책을 통해 십계명을 보다 깊이 이해하고 적용하며, 하나님이 주신 참된 자유함을 누리길 소망합니다.

김은호 | 오륜교회 담임목사

십계명은 율법일까요, 아니면 언약일까요? 율법은 좋은 것인가요, 아니면 나쁜 것인가요? 21세기의 성도들은 십계명을 구약의 성도들처럼 문자적으로 또 절대적으로 지켜야 하나요? 아니면 그 뜻을 이루기 위해서 힘쓰면 되나요? 십계명과 관련된 많은 질문이 있습니다. 어떤 책은 십계명을 신학적으로 설명하고, 어떤 책들은 원문의 문맥에서 주해를 통하여 십계명의 뜻을 드러내고자 합니다. 김한요 목사님의『인생의 블루프린트 십계명』또한 첫 장부터 앞서 제기한 문제를 풀어 갑니다. 그런데 본 저서는 목회의 영역에서 다져진 통찰력으로 수많은 논의와 복잡한 이론이 남긴 혼동되는 문제들을 선명하게 정돈합니다. 독자들은 누구나 이 책을 읽어 가면서, 십계명의 진수가 마음과 삶으로 들어와서 풀어지고 녹아드는 경험을 하게 될 것입니다. 저는 이 책을 흥미진진하게 읽었으며, 유익하게 사용할 것입니다.

한규삼 | 충현교회 담임목사

현세대가 추구하는 것 중의 하나는 아마도 "자유와 축복"이 아닐까 생각합니다. 그러나 책임 없는 자유는 무질서와 방종을 낳고, 공공성 없는 나만을 위한 축복은 이기주의를 조장하고 관계를 파괴합니다. 물질의 풍요와 문명 번영의 시대에 있으면서도 우리 세대가 행복감을 느끼지 못하고, 고독감과 우울감, 심각한 사회적 양극화 현상을 경험하는 이유입니다. 무엇이 무너졌을까요? 바로 그 자유와 축복이 누구로부터, 어디서 왔는지를 모르기 때문입니다. 십계명은 하나님께서 이스라엘 백성에게 주신 자유와 축복을 지속적으로 온전히 누리게 하시려는 은혜의 세레나데입니다.

저자인 김한요 목사님은 이 시대에 하나님이 세우신 본문 중심의 탁월한 강해 설교자요, 강력한 삶의 변화를 외치는 설교자로 정평이 나 있는 분입니다. 특별히 이번 십계명의 강해와 연구가 책으로 나오게 된 것은 마치 M.R. 디한(Martin Ralph De Haan)의 『율법이냐? 은혜냐?』라는 역작처럼, 평생을 이 부분에 대하여 고민하고 씨름한 결과물이라 생각합니다. 저자의 날카로운 지적처럼 십계명을 주신 시점이 이미 출애굽이라는 자유를 주신 후라는 것을 기억한다면, 십계명이 조건으로 주신 것이 아니라, 출애굽의 은혜를 기억하며 지속적으로 하나님의 백성답게 살게 하시려는 하나님이 주신 인생의 블루프린트인 것을 우리는 기억해야 할 것입니다.

이 시대에 우리가 회복해야 할 성경 말씀이 있다면, 바로 "잊혀진 지혜", 곧 십계명이라는 저자의 역설에 전적으로 동의합니다. 하나님께서 주신 첫 번째 계명, 십계명을 풀어서 복음으로 연결하는 저자의 탁월함에 박수를 보냅니다. 율법과 은혜 사이에 고민하는 사람들이 있다면, 자녀들에게 하나님 말씀의 의미를 깊이 불어넣고자 하는 사람들이 있다면, 무엇보다 원초적 복음의 의미를 깊이 알고자 하는 분들이 있다면, 이 책을 강력히 추천합니다. 십계명에 대한 역작입니다.

최성은 | 지구촌교회 담임목사

김한요 목사의 설교는 호소력이 있습니다. 또한 회중을 움직이는 설득력이 있습니다. 한국교회에 비교적 숨어 있던 설교자이지만, 이민교회에서 강력한 복음의 능력을 선포하는 목사로 많은 목회 후배들에게 귀감이 되는 목사이며, 베델교회의 목회는 특별히 팬데믹 기간에도 모범적으로 어린이 사역을 위시하여 다양한 콘텐츠를 제공하고 나누는 교회였으며, 그중 김한요 목사의 설교 사역은 갈한 심령에 소낙비와 같은 은혜를 공급하며, 팬데믹 숲을 뚫고 나오는 데 큰 기여를 했습니다.

이번에 김한요 목사의 『인생의 블루프린트 십계명』은 자칫 무겁고 딱딱할 수 있는 십계명을 기존 신자들에게 호소력 있게 전하며, 특별히 젊은 세대들에게는 옛 시대의 유물처럼 생각할 수 있는 십계명을 현시대에 알맞게, 복음의 정수로 설득력 있게 접근하고 있습니다. 길을 잃어버린 이 시대에 다시 이정표를 세우는 새로운 내비게이션이 될 김한요 목사의 십계명을 유감없이 추천합니다.

장학봉 | 하남 성안교회 담임목사

법은 질서입니다. 질서가 올곧게 세워지면 모든 것은 안정됩니다. 우리 시대는 탈권위의 시대입니다. 그리고 탈권위라는 미명하에 삶 속에 반드시 존재해야 할 긍정적인 권위까지 허물어져 버렸습니다. 제대로 집행되는 법은 억압이 아니라 진정한 자유와 평안의 도구입니다. 하나님의 십계명, 그것은 우리 삶에 최고의 질서를 제공하는 은혜의 선물입니다. 우리를 옭아매거나 속박하는 것이 아니라 진정한 자유를 누리게 하는 최선의 법칙입니다. 이번 김한요 목사님의 십계명 메시지는 하나님의 법의 진정한 유익은 무엇이며, 무엇 때문에 결코 무너져서는 안 되는지 명쾌하고 탁월하게, 이 시대의 법적인 근거까지 예시하고 비교하면서 설득력 있게 그려 냅니다. 좋은 메시지를 김한요 목사님을 통해 듣게 되는 것, 참 귀한 일입니다. 기쁨으로 일독을 추천합니다.

황형택 | 새은혜교회 담임목사

미국 얼바인 베델교회 김한요 목사님은 제가 미국 유학생 시절부터 알던 분입니다. 김 목사님은 미국 웨스트민스터 신학교에서 배운 대로 그리스도 중심의 구속사적 설교를 해서 시무한 교회마다 놀랍게 성장하도록 했습니다.

김한요 목사님은 설교를 준비할 때마다 개혁주의 성경해석의 원리에 따라 준비하되 본문에서 그리스도의 십자가를 발견하기까지 몸부림을 칩니다. 설교 준비가 끝나면 성령께서 역사하시도록 '성령의 불때기'를 합니다. 김 목사님은 교인들에게 말씀 실천의 모델을 보여 주기도 합니다. 또한 성령의 능력과 큰 확신으로 그리스도를 부각시키는 설교를 해서 교인들로 은혜를 받고 변화를 체험하게 합니다. 후배 교역

자들은 김 목사님의 설교를 통해 변화되는 교인들의 모습을 보고 김 목사님처럼 설교하려고 애를 쓴다는 고백도 합니다. 김한요 목사님은 가히 그리스도 중심 설교의 대가(大家)라고 할 수 있습니다.

김한요 목사님이 십계명 강해 설교를 출판했습니다. 보통 십계명 강해 설교는 윤리 중심일 수 있으나, 김 목사님의 십계명 강해는 그리스도 중심의 은혜에 입각한 윤리를 전합니다. 또한 그리스도 중심의 설교가 자칫 윤리적 도전이 약할 수 있으나, 김 목사님의 십계명 강해는 윤리적 도전도 예리하고 강합니다.

요즈음 한국교회 성도들은 예수 그리스도를 믿는다고 하면서 믿음에 합당하게 살지 않아서 사회의 지탄을 많이 받고 있습니다. 이런 때에 삶의 대헌장인 십계명 강해가 성도들의 삶을 바로잡아 주고 교회들을 새롭게 하는 열매를 맺을 것으로 기대됩니다. 목회자들과 선교사들, 신학생들과 평신도들에게 기쁜 마음으로 추천합니다.

권성수 | 대구동신교회 원로목사,
미국 웨스트민스터신학교 특훈교수

이 책을 펴내며

기독교를 대표하는 두 십(十)이 있다면 십자가와 십계명일 것입니다. 십자가와 기독교 사이에 등호가 성립된다는 것에는 의심의 여지가 없지만 십계명은 그 대표성에 의문을 던져 왔습니다. 3,500년 전의 율법이 21세기를 사는 우리에게 어떤 메시지를 줄 수 있는지 의문이고, 요즘 젊은이들에게는 박물관에 있어야 할 구석기 시대 유물같이 느껴지는 것이 십계명이며, 한때 미국 공립학교에 걸려 있었던 십계명은 타종교를 차별한다는 미 대법원의 판결로 내려온 지가 60년이 넘었습니다. 그러나 저에게는 잊지 못할 한 에피소드가 있습니다. 함께 동역하는 목사님이 교회 선교팀을 이끌고 해외 선교를 한 후 미국 로스앤젤레스 공항으로 들어오면서 입국심사 때 다음과 같은 질문을 받았답니다.

"어디 다녀오십니까?"
"선교차 다녀옵니다."
"당신 직업이 무엇입니까?"
"목사입니다."
"정말이요?"
"네? 네! 목사 맞습니다."

"그럼 십계명을 외울 수 있습니까?"

너무 당황했던 목사는 "한국말로 외우는데 영어로 외우기가 힘듭니다"라고 답하면서 더듬더듬 생각나는 대로 진땀을 흘리며 영어로 십계명을 외웠다고 합니다. 십계명을 외우고 자신이 목사임을 증명하며 유유히 공항을 걸어 나오면서, 아직도 미국의 영성이 살아 있다고 느꼈다고 합니다. 이처럼 십계명은 우리에게 그 연결성이 희박하고 인기 없는 것처럼 보여도 여전히 우리 신앙의 대표성을 유지하고 있습니다.

십계명을 강해하면서 저의 숙제는 박물관에 진열되어 있는 듯한 돌판을 성도들의 집 안에 걸어 놓게 하는 것이었습니다. 옛날 이야기가 아니라 오늘을 사는 지혜로 신문 보듯 십계명을 묵상하게 하는 것이었습니다. 오늘을 사는 지혜요, 내일을 내다보는 로드맵이며, 성도의 삶을 그리는 블루프린트[blueprint, 청사진]로 접근하려 했습니다.

또 하나의 숙제는 십계명 강해를 도덕 설교로 그치는 것이 아니라 구속사 설교로 전하는 것이었습니다. 율법이 복음과 대치관계가 아니라 어떻게 십자가의 메시지를 전하는 짝꿍으로 콜라보(collaboration)하는지 보여 주려고 최선을 다했습니다. 복음이 힘 있는 열차라면 율법은 그 열차가 달리는 철로입니다.

십계명은 여전히 우리 삶의 이정표로 진리의 방향과 영광을 보여 주는 말씀입니다. 진리는 시대와 공간을 초월합니다. 3,000년 전이든 1,000년 전이든 오늘이든 똑같이 적용되어야 할 진리이기에 십계명은 여전히 오늘을 사는 우리에게 없어서는 안 될 블루프린트입니다.

이 책이 나오기까지 모든 여력을 아끼지 않고 적극 후원해 주신 김양재 목사님과 QTM 스태프들, 그리고 기꺼이 책을 미리 읽고 추천해 주신 이찬수 목사님, 화종부 목사님, 총신대 조직신학 정승원 교수님, 아신대 설교학 신성욱 교수님, 이규현 목사님, 류응렬 목사님, 김은호 목사님, 한규삼 목사님, 최성은 목사님, 장학봉 목사님, 황형택 목사님, 마지막으로 설교의 모델이 되어 주신 권성수 목사님께 깊은 감사의 마음을 전합니다.

어바인에서
Irvine, California
김한요

목 차

제1장

율법의 축복

9오직 너는 스스로 삼가며 네 마음을 힘써 지키라 그리하여 네가 눈으로 본 그 일을 잊어버리지 말라 네가 생존하는 날 동안에 그 일들이 네 마음에서 떠나지 않도록 조심하라 너는 그 일들을 네 아들들과 네 손자들에게 알게 하라 10네가 호렙 산에서 네 하나님 여호와 앞에 섰던 날에 여호와께서 내게 이르시기를 나에게 백성을 모으라 내가 그들에게 내 말을 들려주어 그들이 세상에 사는 날 동안 나를 경외함을 배우게 하며 그 자녀에게 가르치게 하리라 하시매 11너희가 가까이 나아와서 산 아래에 서니 그 산에 불이 붙어 불길이 충천하고 어둠과 구름과 흑암이 덮였는데 12여호와께서 불길 중에서 너희에게 말씀하시되 음성뿐이므로 너희가 그 말소리만 듣고 형상은 보지 못하였느니라 13여호와께서 그의 언약을 너희에게 반포하시고 너희에게 지키라 명령하셨으니 곧 십계명이며 두 돌판에 친히 쓰신 것이라 14그 때에 여호와께서 내게 명령하사 너희에게 규례와 법도를 교훈하게 하셨나니 이는 너희가 거기로 건너가 받을 땅에서 행하게 하려 하심이니라_ 신 4:9~14

현대인들에게 '십계명' 하면 어떤 생각이 들까요? 아마 지금 시대에는 통하지 않는 옛날 낡은 이야기 정도로 생각하지 않을까요? 오히려 시대를 반영하는 가훈이 더 효과적이라고 생각할지도 모르겠습니다. 이런 가훈들이 있습니다. "존경 받는 사람이 되라", "무인불승(無忍不勝), 인내하지 않으면 승리할 수 없다", "오늘 할 일을 내일로 미루지 말자", "시간은 금이다." 심지어 "우리 집 가훈, 여자 말을 잘 듣자"라고 적은 것도 본 적이 있습니다.

혹시 십계명이 가훈을 걸어 놓을 만한 곳에 걸려 있는 것을 보셨나요? 목사님이나 장로님 집에는 가끔씩 걸려 있는 것을 봅니다만 그리 흔치 않은 이유는 일반적인 가훈보다는 무겁고, 의무감이나 강제성이 강하게 느껴져서 그런 것 같습니다. 그래서 그런지 우리는 십계명과 점점 거리를 두는 것이 아닌가 싶습니다.

잊혀진 지혜, 십계명

1978년, 미국 켄터키 주에서 법안이 제정되었는데, 모든 공립학교에서 십계명을 걸도록 한 것입니다. 그 이유는 이렇습니다.

"십계명이 서구문명의 근간을 이루는 법전(legal code)과 미국의 관습법(Common Law)채택에 영향을 주었고, 그것의 일반적 적용을 분명히 보기 때문이다. *The secular application of the Ten Commandments is clearly seen in its adoption as the fundamental legal code of Western Civilization and the Common Law of the United States.*" [1]

그러나 이후 십계명을 공립학교에 걸도록 하는 강제성 때문에 대법원에 소송이 제기되어 재판이 열렸고, 4대5의 판결로 켄터키 주가 패소하게 되었습니다. 십계명을 거는 것이 어떤 일반적인 목적이나 학과 과정에 연결될 수 없고, 단지 특정 종교의 관점들을 선전하는 목적뿐이라는 이유였습니다. 재판부는 이와 같이 설명했습니다.

"종교적 문장을 벽에 거는 것은 어떤 교육적 기능이 없다. 만약 십계명을 걸어서 효과가 있다면, 학생들로 하여금 십계명을 읽고, 묵상하고 그리고 나아가 경건하게 순종하게 하는 것이다. 이것이 개인 경건에 아무리 좋은 것이라 할지라도, 헌법의 나라 설립조항에 따른 국가목적으로 허용될 수 없다. *Posting of reli-*

---

1) https://www.mtsu.edu/first-amendment/article/974/ten-commandments

인생의 블루프린트 십계명

gious texts on the wall serves no such educational function. If the posted copies of the Ten Commandments are to have any effect at all, it will be to induce the schoolchildren to read, meditate upon, perhaps to venerate and obey, the Commandments. However desirable this might be as a matter of private devotion, it is not a permissible state objective under the Establishment Clause of the Constitution. [2]

미국 캘리포니아의 웨스트민스터 신학교 교수인 마이클 호튼(Michael Horton) 박사는 그의 십계명 강해에서 이런 예를 들고 있습니다.

미국 통계학자인 조지 갤럽(George Gallup)은 "미국인들은 성경을 성스럽게 생각하면서 대부분 읽지 않는다. 성경을 읽지 않기 때문에 나라는 성경문맹이 되어 가고 있다"라고 했습니다. 미국인의 5분의 4는 성경이 하나님의 영감으로 쓰인 말씀임을 믿지만, 대부분 십계명을 암송하지 못한다. 미국인 4분의 3은 예수의 본보기를 따르려 한다고 답했지만, 예수님의 본이 무엇인지 조금도 모른다. 미국인 10명 중 6명은 자신이 예수님과 관계가 있다고

---

2) https://www.mtsu.edu/first-amendment/article/974/ten-commandments

말하지만, 의무의 모습이라기 보다는 편리를 위한 관계이다.[3)]

1991년 구 소련의 해체 이후 러시아의 문이 활짝 열리면서 러시아가 공립학교에 성경교사들을 천 명 보내 달라고 선교기관에 공식 요청했던 것이 기억납니다. 많은 러시아 선교사님이 교회들을 방문하여 자원하는 성경교사들을 구할 때 저도 미주에 있는 헌신된 자들을 보내려고 노력했습니다. 1991년 당시 타임지 수석특파원 아이크만(David Aikman)은 러시아의 보리스 옐친(Boris Yeltsin)과 인터뷰하면서 러시아가 이제부터 학교 시스템 안에 성직자들로 하여금 윤리와 도덕을 가르치게 하는 방안을 알아본다고 하자, 이런 생각이 들었다고 고백합니다. "미국의 종교자유 200년은 미국에서 기독교를 몰아냈는데, 러시아의 종교탄압, 무신론 70년은 다시 기독교를 불러들였다."[4)]

율법의 오해

출애굽한 이스라엘 백성이 홍해를 넘고 가나안 땅으로 가던 도중

---

3) Michael S. Horton, the Law of Perfect Freedom, Moody Press 1993, p.19
4) "The New Revelation, Russia's Spiritual Awakening" Religious Broadcasting, December, 1991, p.41

하나님께서 시내산(호렙산)에서 십계명을 주시는 사건이 나옵니다. 왜 하나님께서 출애굽시킨 자기 백성에게 십계명을 주셨을까요? 율법에 대한 오해 중 대표적인 예를 두 개만 들겠습니다.

자유를 제한한다는 오해

일반적인 법의 개념이 그런 것이 아닌가요? 공공의 질서를 위해서 개인의 자유를 제한하는 것이 아닐까요? 자기 맘대로 운전했다가는 다른 사람이 다치니까 법을 두어 경계를 두듯이 법은 우리에게 속박, 억제, 강압 등의 개념으로 다가옵니다. 한편으로 맞는 말입니다. 요즘은 책임보다는 권리를 옹호하는 분위기인 것 같습니다. 교회에서도 교인의 권리를 얘기하지, 교인의 책임은 별로 강조하지 않는 것 같습니다. 그러다 보니 자기 권리를 찾다가 남의 권리를 약탈하고 짓밟는 경우도 허다합니다. 그래서 법이 어느 정도 질서를 지키기 위해서 서로의 자유를 제한하는 역할을 하는 것도 사실입니다. 그러나 한 가지 짚고 넘어갈 것이 있습니다. 예수 믿고 복음의 영광을 맛보면 그리스도 안에서의 새 생활이 '제한', '금 긋기', '강압' 같은 개념이라기보다 한마디로 '자유'라는 것을 알 수 있습니다. 예수님도 이렇게 말씀하셨습니다.

진리를 알지니 진리가 너희를 자유롭게 하리라_요 8:32

십계명을 접근하는 기본자세가 '제한'이나 '강압' 또는 심하게 표현해 '협박'이 아니라 '자유'라는 것입니다.

피아니스트의 손은 건반 위에서 자유롭습니다. 스케이트 없이 얼음판에 선 우리는 미끄러질까 봐 행동에 제약을 받지만, 스케이트 선수들은 스케이트 신발을 신고 얼음 위에서 훨씬 더 자유롭습니다. 기차가 자유롭게 가겠다고 선로를 이탈하는 순간 탈선합니다. 기차가 선로 위에서 가장 자유롭고 빠르게 달리듯이 하나님의 말씀, 진리, 십계명을 접근하는 우리의 마음에 무엇보다 '생각의 수정'이 있어야 합니다. 오늘부터 말씀을 그렇게 들으셔야 합니다. 탈선한 기차를 선로 위에 다시 올려 놓는 것이 뼈를 깎는 수고일 수 있지만, 그것이 진정 우리가 자유로워지는 길입니다.

율법과 복음은 대치한다는 오해

그런 의미에서 예수 믿는 것과 율법을 지키는 것은 대치 개념이 아닙니다. 율법은 제한을 주고, 복음은 자유를 주는 식의 양립관계가 아니라는 것입니다. 예수님의 말씀을 참고해 보십시오. 예수님은 복음을 선포하시며 자신이 온 이유를 친히 이렇게 밝히십니다.

17내가 율법이나 선지자를 폐하러 온 줄로 생각하지 말라 폐하러 온

것이 아니요 완전하게 하려 함이라 18진실로 너희에게 이르노니 천
지가 없어지기 전에는 율법의 일점 일획도 결코 없어지지 아니하고
다 이루리라_마 5:17~18

간음한 현장에서 잡힌 여자에게 주님이 하신 말씀이 무엇입니까?
주님은 돌로 치려는 사람들을 보시고 "여자여, 별 사람들 다 봤다. 간음
한 것이 뭐 대단한 것이라고 저러는지 모르겠다. 그게 뭐 별거냐? 살다
보면 그럴 수도 있는 거지, 그렇지? 나는 네가 잘못했다고 생각하지 않
는다. 빨리 집에 가서 다시 자유롭게 살아라"고 하셨나요?

10예수께서 일어나사 여자 외에 아무도 없는 것을 보시고 이르시되
여자여 너를 고발하던 그들이 어디 있느냐 너를 정죄한 자가 없느냐
11대답하되 주여 없나이다 예수께서 이르시되 나도 너를 정죄하지
아니하노니 가서 다시는 죄를 범하지 말라 하시니라_요 8:10~11

정죄하지 않는다고 맘 놓고 죄를 짓는 것이 아니라, '다시는 죄를
범하지 말라' 전하시는 메시지가 멋진 균형을 이루고 있습니다.

율법의 목적

여기서 율법의 목적을 생각해 보면 좋겠습니다. 기본적으로 율법은 죄를 죄로 보게 하는 기능, 인간이 율법을 제대로 못 지키는 죄인임을 깨닫게 해 주는 기능, 정죄의 기능이 있습니다. 그 맥락 안에서 '자유'라고 하는 개념과 연결해서 새로운 각도로 율법의 목적에 접근해 보려고 합니다.

법이 잘 지켜지지 않으면, 법 집행부에서 행하는 방법이 무엇입니까? 법을 어겼을 때 벌금이나 처벌을 가중시키는 것입니다. 율법을 '자유'라는 복음과 한 맥락에서 보자고 말씀드렸습니다. 기차를 선로 위에 올려 놓는 것이 율법인데, 기차가 탈선했다고 때려 부수면 되겠습니까? 우리가 교통법규를 지키는 이유가 위반하면 벌금이 커서, 혹은 경찰에게 걸려서 딱지를 뗄까 봐 겁나서 지키는 정도의 수준입니까? 서로가 좀 더 규칙을 잘 지켜 모두 안전하고, 교통도 원활한 '살기 좋은 교통 문화 만들기' 수준까지는 아니더라도 '교통법규를 지키는 것이 서로를 위해 좋다'는 수준은 되어야 하는 것 아닙니까? 다들 벌 받기가 무서워서 벌벌 떨면서 법을 지킨다면, 그것이 과연 하나님께서 출애굽한 백성에게 율법을 주신 목적일까요? "너희 이것 안 지키면 죽~어!"식의 협박이 율법의 목적일까요?

십계명을 주시는 시기

여기서 십계명을 주신 시기를 보는 것이 중요하다고 생각합니다. 애굽에서 종살이하는 이스라엘 백성에게 율법을 주지 아니하시고, 애굽에서 종살이하던 그들을 구출하시고 홍해도 건너게 하신 다음에 주신 것이 십계명 말씀입니다. 이것이 무엇을 의미할까요? 애굽에서 종살이할 때 율법을 주지 않으신 이유는 무엇일까요?

첫째로, 이 율법을 지켜 하나님이 원하는 수준에 도달해야 출애굽의 자유를 주겠다고 하지 않았다는 것입니다. 즉, 출애굽이라고 하는 '자유'는 결코 율법을 잘 지키거나 내 공로, 내 힘으로 얻어 낸 대가가 아니라는 것을 가르쳐 줍니다.

제1장 제목을 〈율법의 축복〉이라고 했습니다. 보통 '율법의 저주'라는 개념이 익숙하지만 저는 출애굽 후 율법을 받은 것이 축복이라고 생각합니다. 왜냐하면 우리가 율법을 지키는 행동으로 하나님의 진노를 모면하고 자유를 선물로 얻은 것이 아니기 때문입니다. 만일 그렇다면 오늘 우리는 아직도 하나님의 심판 앞에서 벌벌 떠는 노예일 것입니다. '막말로' 우리는 법을 지키든 못 지키든 이미 출애굽한 백성입니다. 하나님의 진노와 심판에서 자유한 자입니다. 이미 자유한 자에게 주시는 법은 우리 자유자에게 법을 지킬 기회를 주시는 축복이라는 것입니

다. 착한 일을 할 수 있는 기회, 하나님의 마음을 기쁘게 할 수 있는 기회, 우리가 함께 사는 공동체를 정말 살 만하고 사랑과 치유와 은혜가 넘치는 공동체로 만들 수 있는 기회로 보라는 것입니다.

둘째로, 율법을 지킬 때 오는 부작용에서 자유할 수 있기 때문입니다. 율법을 지킬 때 오는 부작용이라니? 혹 의아해하는 분도 계시겠지만, 바로 율법주의를 말합니다. 이는 내가 너보다 더 착하다는 것을 증명하는 방법으로 율법을 지키는 것입니다. 그리고 율법을 자기만큼 못 지키는 자들을 짐승 취급합니다. 가장 정확한 예가 바리새인입니다. 율법의 목적은 누가 누가 잘 지키나 줄 세워서 1등이 꼴등을 무시하게 하려는 것이 결코 아닙니다. 같이 어우러져 사는 이상적인 하나님 나라를 만들어 가는 것이 율법의 목적입니다.

> 그 때에 여호와께서 내게 명령하사 너희에게 규례와 법도를 교훈하게 하셨나니 이는 너희가 거기로 건너가 받을 땅에서 행하게 하려 하심이니라 _신 4:14

'교훈(instruction)'이라는 단어는 아버지가 사랑하는 아들에게 하는 훈육을 말합니다. 잘 지키면 아들 되는 자격을 주는 것이 아니라, 이미 아들인 자에게 아버지가 사랑으로 주는 법이 교훈입니다. 축복의 관계

인생의 블루프린트 십계명

안에서 더욱 친밀한 관계로 나아가기 위해서 주어진 것이 율법이라는 것입니다. 속박이 아니라 자유입니다. 억제가 아니라 풍성함입니다. 거리감이 아니라 친밀함입니다. 그래서 본문은 이 교훈을 아이들에게 가르치라고 말씀합니다.

> 9오직 너는 스스로 삼가며 네 마음을 힘써 지키라 그리하여 네가 눈으로 본 그 일을 잊어버리지 말라 네가 생존하는 날 동안에 그 일들이 네 마음에서 떠나지 않도록 조심하라 너는 그 일들을 **네 아들들과 네 손자들에게 알게 하라** 10네가 호렙 산에서 네 하나님 여호와 앞에 섰던 날에 여호와께서 내게 이르시기를 나에게 백성을 모으라 내가 그들에게 내 말을 들려주어 그들이 세상에 사는 날 동안 나를 경외함을 배우게 하며 **그 자녀에게 가르치게 하리라** 하시매_신 4:9~10

어린아이들에게 말씀을 가르쳐야 할 이유가 있습니다. 아이들이 가진 믿음의 특성 때문입니다. 주님은 이렇게 말씀하셨습니다.

> ……**어린아이들과 같이 되지 아니하면** 결단코 천국에 들어가지 못하리라_마 18:3

주님은 천국의 본질, 예수 믿는 삶의 본질을 '어린아이'에게서 보신 것입니다. 물론 이 부분을 어린아이들의 순수함, 그대로 받아들이는 천진난만한 믿음 등의 모습으로 해석도 합니다. 그러나 여기서 나타나는 천국의 본질은 '자유'라고 봅니다. 계산 없는 아이들에게서 자유를 보는 것입니다.

아이 때는 꿈을 꿉니다. 대통령이 되고 싶고, 장군도 되고 싶습니다. 그러다가 크면서 세상의 벽에 부딪히며 꿈을 잃어 갑니다. 어른이 되어 가면서 현실에 적응하고, 꿈이 없어집니다. 그러나 주님은 우리에게 아이들이 되라고 하십니다. 꿈을 잊지 말라 하십니다. 기독교는 지루하게 규칙만 지키면서, 규칙을 지키면 상 받고, 규칙을 어기면 벌 받고 하는 종교가 아닙니다. 새 꿈을 꾸십시오. 아이들이 되십시오. 그것이 현실이 아니라고 말하는 자들 때문에 기죽지 마십시오. 하나님의 나라는 지금의 현실이 아니라, 다가오는 현실입니다. 꿈을 꾸고, 하나님의 법, 십계명에 뛰어오르십시오. 다시 선로에서 최고 속력으로 달리는 기차가 되십시오.

시내산과 변화산

이렇게 말씀 드릴 수 있는 이유가 있습니다. 십계명을 주시는 당시 상황을 보십시오.

인생의 블루프린트 십계명

11너희가 가까이 나아와서 산 아래에 서니 그 산에 불이 붙어 불길이 충천하고 어둠과 구름과 흑암이 덮였는데 12여호와께서 불길 중에서 너희에게 말씀하시되 음성뿐이므로 너희가 그 말소리만 듣고 형상은 보지 못하였느니라_신 4:11~12

하나님께서 산에 강림하셔서 거룩을 쏟아부으신 것이 이때만은 아니었습니다. 예수님의 생애에 이 사건이 재현됩니다. 베드로가 예수는 메시아임을 고백했을 때, 주님은 세 제자를 데리고 변화산[5]에 오르십니다. 정상에 눈이 늘 덮여 있는 해발 2,700m가 넘는 장엄한 산입니다. 그곳에서 주님이 변화하셨을 때, 모세와 엘리야도 나타납니다. 그때 베드로는 초막 셋을 짓고 그 영광을 계속 보기를 원했습니다. 그러나 그때 하늘로부터 들리는 음성이 있었습니다.

마침 구름이 와서 그들을 덮으며 구름 속에서 소리가 나되 이는 내 사랑하는 아들이니 너희는 그의 말을 들으라 하는지라_막 9:7

새로운 시내산이었습니다. 다시 한번 하나님은 당신의 거룩함을

---

5) 마태복음 17장 1절과 마가복음 9장 2절에서 '높은 산'으로 나오는 변화산은 전통적으로 다볼산으로 여겨졌다. 하지만 예수님 당시 다볼산에 로마군 진영이 있었다는 것을 근거로 헬몬산이 변화산일 것이라는 주장이 더 설득력을 얻고 있다.

구름으로 가려야만 하셨습니다. 구경꾼들이 죽지 않도록 그러신 것입니다. 광야의 이스라엘 백성처럼 제자들도 하나님은 보지 못하고 하나님의 음성만 들었습니다. 백성 가운데 모세를 따로 세워 올라오게 하셨듯이, 제자들 가운데 예수님을 높이시는 것을 봅니다.

하나님의 생생한 거룩함을 이해하지 못하는 한 헬몬산에 나타난 하나님의 웅장함을 깨달을 수 없습니다. 우리가 하나님의 사랑의 웅장함과 위대함을 깨닫지 못하는 이유는 하나님의 생생한 거룩함을 알지 못하기 때문입니다. 십자가에서 예수님이 하나님의 그 생생한 거룩함을 그대로 흡수하십니다. 그것이 예수님에게는 죽음이었습니다. 또한 우리에게는 우리가 치러야 할 죽음의 가격이었습니다.

성경에 또 하나의 산이 나옵니다. 예루살렘 성이 세워진 시온산입니다. 하나님의 임재와 그 거룩하심이 쏟아부어진 현장이 사도행전에 다시 나옵니다. 바로 예루살렘의 한 가정집이었습니다. 그날은 오순절이었습니다. 바로 유월절 후 50일째 되던 날, 즉 모세가 시내산에서 정확하게 율법을 받은 날이었습니다. 그때 하늘에서 강한 바람과 혀가 갈라지는 것 같은 불이 내려옵니다. 시내산의 재현입니다. 모든 사람이 혀가 붙들려 방언을 하기 시작했습니다. 그리고 성령이 행하시는 일들을 말하기 시작합니다.

1오순절 날이 이미 이르매 그들이 다같이 한 곳에 모였더니 2홀연히 하늘로부터 급하고 강한 바람 같은 소리가 있어 그들이 앉은 온 집에 가득하며 3마치 불의 혀처럼 갈라지는 것들이 그들에게 보여 각 사람 위에 하나씩 임하여 있더니 4그들이 다 성령의 충만함을 받고 성령이 말하게 하심을 따라 다른 언어들로 말하기를 시작하니라_행 2:1~4

이사야 선지자가 성전에서 하나님의 거룩함을 보았을 때 그는 자기 입술의 부정함을 깨달았고, 하나님은 그 입술을 숯불로 정결케 해 주셨습니다. 그러나 지금은 모든 성도의 입을 성령께서 성결하게 하시는 것을 보게 됩니다.

나의 계명을 지키는 자라야 나를 사랑하는 자니 나를 사랑하는 자는 내 아버지께 사랑을 받을 것이요 나도 그를 사랑하여 그에게 나를 나타내리라_요 14:21

1복 있는 사람은 악인들의 꾀를 따르지 아니하며 죄인들의 길에 서지 아니하며 오만한 자들의 자리에 앉지 아니하고 2오직 여호와의 율법을 즐거워하여 그의 율법을 주야로 묵상하는도다_시 1:1~2

내가 주의 법을 어찌 그리 사랑하는지요 내가 그것을 종일 작은 소리로 읊조리나이다_시 119:97

적용 질문

1. 우리 집의 가훈은 무엇입니까? 십계명을 우리 집의 가훈으로 걸어 놓는 것에 대해서 어떤 마음이 듭니까?

....

....

....

....

....

....

2. 율법과 자유, 율법과 예수님에 대해 어떤 생각을 가지고 있었습니까? 다음 구절들을 살펴보면서 율법에 대해 오해하고 있었던 것은 무엇인지 나눠 봅시다(요 8:32~36, 마 5:17~18).

....

....

....

....

....

3. 1장의 본문은 이스라엘 백성이 가나안 땅에 들어가기 전에 주신 십계명 말씀입니다. 출애굽 직후 시내산에서 주셨던 말씀입니다. 만일 십계명이 출애굽 이전 애굽에서 주어졌더라면 십계명을 어떻게 생각했을까요? 십계명을 출애굽 이후에 주셨다는 것에 대해 어떤 마음이 듭니까(출 20:1~2, 신 4:14)?

....
....
....
....

4. 하나님은 우리 자녀들에게 율법과 말씀을 들려주고 가르치게 하라고 하십니다. 율법이 사랑하는 아버지가 자녀에게 하는 교훈이고 자유이며 풍성함임을 알려 주기 위하여 자녀들에게 어떻게 율법을 나누어 주겠습니까(신 4:8~10)?

....
....
....
....
....
....

5. 하나님이 강림하셨던 산은 시내산만이 아니었습니다. 변화산
   과 시온산도 있었습니다. 그 산에서 내가 알게 된 것은 하나님
   의 위대한 사랑입니까, 하나님의 생생한 거룩함입니까? 거기
   서 정결케 되어야 할 내 입술과 마음은 무엇입니까(막 9:2~7; 행
   2:1~8; 요 14:21; 시 1:1; 119:97)?

....
....
....
....
....
....
....
....
....
....
....
....
....
....

결론

율법에 대한 생각의 수정이 있어야 합니다. 하나님은 우리의 자유를 위해 율법을 주셨고 예수님은 율법을 완전하게 하기 위해 오셨습니다. 우리는 벌 받을까 두려워서 벌벌 떨며 율법을 지키는 수준에서 벗어나 서로의 안전과 자유를 위해 율법을 기쁨으로 지키는 단계까지 나아가야 합니다. 이스라엘 백성이 출애굽 이후에 십계명을 받았다는 것을 기억하고 출애굽의 구원과 자유가 내 공로가 아님을 알면서 아버지 하나님의 사랑이 담긴 교훈을 사랑으로 지켜야 합니다. 천국의 본질이 자유임을 알고 그 자유를 보여 주는 어린아이들과 우리 자녀들에게 주의 계명을 가르쳐야 합니다. 시내산과 변화산 그리고 시온산에 나타난 하나님의 거룩과 사랑을 깨달아 우리의 입술과 마음을 정결케 하면서 하나님의 계명을 사랑하고 지키는 우리가 되기를 원합니다.

제2장

독점계약

1하나님이 이 모든 말씀으로 말씀하여 이르시되 2나
는 너를 애굽 땅, 종 되었던 집에서 인도하여 낸 네
하나님 여호와니라 3너는 나 외에는 다른 신들을 네
게 두지 말라_ 출 20:1~3

엄중한 말씀

하나님께서 출애굽한 이스라엘 백성에게 십계명을 주시기 직전에 어떤 일이 있었을까요? 출애굽기 19장에서 그 분위기를 읽을 수 있습니다.

11…… 셋째 날에 나 여호와가 온 백성의 목전에서 시내 산에 강림할 것임이니 12너는 백성을 위하여 주위에 경계를 정하고 이르기를 너희는 삼가 산에 오르거나 그 경계를 침범하지 말지니 **산을 침범하는 자는 반드시 죽임을 당할 것이라**…… 16셋째 날 아침에 우레와 번개와 빽빽한 구름이 산 위에 있고 나팔 소리가 매우 크게 들리니 **진중에 있는 모든 백성이 다 떨더라** 17모세가 하나님을 맞으려고 백성을 거느리고 진에서 나오매 그들이 산 기슭에 서 있는데 18시내 산에 연기가 자욱하니 **여호와께서 불 가운데서 거기 강림하심이라 그 연기가 옹기 가마 연기 같이 떠오르고 온 산이 크게 진동하며**…… 20여호와께서 시내 산 곧 그 산 꼭대기에 강림하시고 모세를 그리로 부르시니 모세가 올라가매 21여호와께서 모세에게 이르시되 내려가서 백성을 경고하라 백성이 밀고 들어와 **나 여호와에게로 와서 보려고 하다가 많이 죽을까 하노라**…… 24 여호와께서 그에게 이르시되 가라 너는 내려가서 아론과 함께 올라오고 제사장들과 백성에게는 경계를 넘어 **나 여호와에게로 올라오지 못하게 하라 내가 그들을 칠까 하노라**_출 19:11~24

창세기의 에덴동산 사건 이후 하나님이 직접 사람을 찾아오신 사건이 이스라엘 백성에게 십계명을 주려고 시내산에 내려오신 본문의 내용입니다. 신명기에 기록된 '하나님의 손(the finger of God)'이란 표현은 누가복음 11장 20절에서 예수님이 쓰시기 전까지 한 번도 사용되지 않았던 강한 표현으로서 우리는 시내산에서 율법을 주셨던 그때의 엄한 분위기를 충분히 짐작할 수 있습니다.

여호와께서 두 돌판을 내게 주셨나니 그 돌판의 글은 하나님이 손으로 기록하신 것이요 너희의 총회 날에 여호와께서 산상 불 가운데서 너희에게 이르신 모든 말씀이니라_신 9:10

그러나 내가 만일 하나님의 손을 힘입어 귀신을 쫓아낸다면 하나님의 나라가 이미 너희에게 임하였으니라_눅 11:20

결코 가볍게 넘어갈 수 없는 이 엄중한 순간을 보면서 20세기 말 최고의 구약학 교수였던 브루스 월트키(Bruce Waltke) 박사는 우리가 받은 십계명의 중요성을 다음과 같이 설명합니다.

"광야에서 성막은 이 땅에서 보는 천국의 모형입니다. 그 성막의 가장 중요한 장소인 지성소에 법궤가 놓이고, 그 법궤 안에 보관

된 것이 십계명입니다. 하나님의 백성으로 하여금 십계명의 위치를 통해서 정확하게 천국을 보게 하는 모형이었습니다. 지성소(the Most Holy Place)의 심장에 법궤가 있었고, 그 안에 십계명이 있었습니다. 하나님의 영원한 도덕법이요, 하나님 자신을 표현하는 중심 계시이며, 그 법이 곧 하나님이었다고 할 수 있습니다." [1]

이처럼 그 중요성을 아무리 강조해도 지나침이 없는 십계명은 하나님이 자신을 계시하시는 핵심이 되는 말씀이며 하나님의 성품 안으로 초청하는 말씀인 것입니다.

인도하여 낸 하나님

웅장한 음악만 나와도 우리는 긴장합니다. 그런데 계명을 주실 때의 그 분위기는 빽빽한 구름에 우렛소리와 하늘로부터 들리는 나팔 소리에 불과 연기가 보이고, 몸은 산과 함께 흔들리는데 두려움에 떠는 것인지 땅이 흔들려 떠는 것인지 죽음의 공포까지 덮쳐 오는 순간이었습니다. 그러나 하나님은 그 엄중한 계명을 백성에게 주시면서 상당히

---

[1] 저자가 웨스트민스터 신학교(Westminster Theological Seminary) 시절 수업 중 기록한 노트를 참고했지만, Waltke 교수님의 책에서 찾을 수 있는 내용이라고 생각한다.

조심스레 다가오시는 것 같은 느낌이 듭니다. 백성들이 너무 놀라지 않도록 아이스 브레이킹(icebreaking) 하시는 것 같은 하나님의 부드러운 마음이 읽히는 도입 부분을 주목할 필요가 있습니다.

> 나는 너를 애굽 땅, 종 되었던 집에서 인도하여 낸 네 하나님 여호와니라_출 20:2

말씀하시는 분은 밑도 끝도 없이 대뜸 수많은 규율과 주의사항을 주는 험악하고 딱딱한 사감선생이나 군대 훈련조교가 아니라, 이스라엘 백성을 애굽의 노역에서 구출해 낸 하나님임을 먼저 확인시켜 주시는 것입니다.

애굽 바로 왕의 철권통치에서 핍박 받던 백성을 하나님은 열 가지 재앙을 통하여 극적으로 구출해 내셨습니다. 애굽 수자원의 전부라 할 수 있는 나일강이 피로 변하는 재앙부터, 온 지역이 개구리로 뒤덮이고, 이가 가축과 사람을 괴롭히고, 파리 떼가 몰려들고, 가축이 무서운 병으로 죽고, 악성 종기가 사람과 가축에게 나타나고, 우박이 채소와 나무를 치고, 메뚜기 떼가 온 지역을 새까맣게 덮고, 그보다 더 깜깜한 어둠이 삼 일 동안 애굽 땅에 임하는 재앙을 애굽에 내리셨습니다. 마지막으로 장자를 치는 재앙에서는 어린 양의 피를 문설주와 인방에 바른 이스라엘 백성의 집은 죽음의 사자가 유월(passover)하게 하여 재앙을 면케 해 주셨습니다. 이것이 훗날 이스라엘이 지키는 3대 명절 중 가장 큰 명절인 유월절을 지키는 계기가 됩니다(참고. 출 7~11장). 결국 열 가지 재앙으로 두 손 두 발 다 든 바로는 이스라엘 백성을 떠나게 했습니다. 후에 애굽 군대가 다시 추격하지만 하나님께서 홍해를 갈라 백성으로 하여금 바다를 마른 땅 밟듯 건너게 하시고, 애굽 군대를 홍해에 수장시키셨습니다.

그뿐입니까? 광야 여정 내내 만나와 메추라기를 아침저녁으로 공급하셨습니다. 목말라하는 백성을 위해서 반석을 쳐서 물을 공급하셨습니다(참고. 출 14, 16장). 이스라엘 백성의 기억 속에 하나님의 인도하심은 총천연색 은혜와 감사로 메모리칩에 저장되어 있었을 것입니다. 언제든지 맘만 먹으면 즉석에서 동영상을 플레이 하듯이 돌아갔을 것입니다.

저의 아내가 셋째 아이를 낳을 때 임신중독증에 걸려 특별히 고생을 많이 했습니다. 그때 죽을힘을 다하여 진통 중에 출산하던 아내의 모습을 제가 비디오카메라로 찍었습니다. 애 낳느라 경황도 없던 순간에 비디오카메라로 열심히 찍고 있던 저에게 아내가 했던 말은 이것이었습니다. 앞으로 이 아들이 말을 안 듣고 엄마 마음을 속상하게 하면, 데려다 놓고 이 영상을 틀어 주면서 "내가 너를 이렇게 낳았다. 너, 계속 이런 식으로 살래?"라고 야단칠 거라 했습니다. 어쩌면 하나님도 지금 계명을 주시기 전 이스라엘 백성에게 동영상을 틀어 주시는 마음이 아니었을까 싶습니다. 어떻게 애굽 손에서 당신의 백성을 건져 냈는지 상기시켜 주시는 것입니다.

나는 너를, 너는 나 외에

이렇게 하나님은 아이스 브레이킹(icebreaking)까지 하시면서 우리에게 자신을 보이는 간절함을 나타내십니다. 우리를 성삼위 하나님 안으로 초청하는 이 십계명을 받을 준비가 되셨습니까?

너는 나 외에는 다른 신들을 네게 두지 말라_출 20:3

제1계명은 모든 계명의 근본이요, 뿌리요, 핵심이라 할 수 있습니다. 앞으로 나오는 모든 하나님의 규례는 제1계명에서 흘러나왔다고 할 수 있을 만큼 첫째 계명은 중요하고 또 중요한 말씀입니다.

한 가지 주목할 점은 십계명의 기초가 되는 제1계명에 나오는 '너(you)'가 복수가 아니라 단수라는 것입니다. '너희'가 아니라, '너'라고 콕 찍어서 '너'는 나 외에 다른 신들을 네게 두지 말라고 하신 것입니다. 도매금에 무작위로 "아무나 맞아라" 하면서 기관총을 쏘아 대는 식의 명령이 아니라, 나에게 정조준 해서 인격적으로 던지신 메시지라고 생각할 수 있습니다. 친근한 관계가 아니면 오해할 수 있는 명령입니다. 마치 부부 사이와 같은 친밀한 관계를 전제로 하여 주신 말씀이라고 생각할 수 있습니다. 여기서 우리는 두 가지 메시지를 생각해 볼 수 있습니다.

독점은 사랑의 독점입니다

제1계명은 '나 외에는'이라는 부정적 표현으로 시작합니다. 영어로는 'before me'이고 좀 더 문자적으로 풀이하면 'besides me' 혹은 'in preference to me'라고 할 수 있습니다. 즉, **나보다 더 좋아하는** 다른 신들을 네게 두지 말라'는 뜻입니다.

유교적인 관점에서 보면 남편에게 소박맞아야 할 칠거지악(七去之惡) 중 하나인 속 좁은 아내의 '질투'같이 느껴집니다. 크신 하나님의 사이즈에 걸맞지 않고, 전능하신 하나님의 마음 씀씀이가 어째 좀 쩨쩨하지 않습니까? 그러나 죄 많은 남편이라도 생각이 올바르고 인격이 온전하다면 남편이 아내의 마음을 독점하는 것을 정상으로 여깁니다.

다음과 같이 가정을 해 봅시다. 아내가 자기 남편 앞에서 입을 가리며 웃는 모습을 한 번도 본 적이 없는데, 어떤 남자 앞에만 가면 얼굴이 밝아지고 뭐가 그리 좋은지 박수를 치며 웃는다면, 아무리 인격적인 남편이라도 마음이 섭섭해지고 질투가 나지 않겠습니까? 아내가 남편인 나와 밥을 먹을 때는 싸운 사람처럼 오가는 대화도 없고 적막하기

짝이 없는데, 다른 남자와 밥을 먹을 때는 얼굴에 환한 미소가 피고, 누가 옆에서 말을 걸어와도 신경 못 쓸 정도로 그에게만 집중하고, 박장대소하며 행복해하는 것을 보았다면 어떤 남편이라도 문제 삼지 않겠습니까? 좀 더 고상한 예를 든다면, 아내가 남편과는 아무런 기도제목을 나누지 않고 자기의 고민을 같이 나누지 않는데 다른 남자에게는 자기 속 얘기 다 하고, 소위 비밀스러운 기도제목도 나누었다면, 그 부부는 정상일 수 없습니다.

하나님은 '나 외에는'이라고 말씀하시면서 정확하게 부부 사이에만 가능한 독점의 관계를 전제로 이 계명을 주셨다는 것을 우리는 상기할 필요가 있습니다. 그리고 하나님이 원하시는 독점의 관계는 예배의 독점으로 나타납니다. 부부가 아무리 사랑해도 서로가 예배의 대상은 아닙니다. 부부 사이는 사랑의 대상으로 독점 관계가 설명이 가능하나 하나님만은 예배의 대상으로 독점 관계가 설명이 됩니다. 하나님과의 관계는 부부의 관계를 뛰어넘는 예배의 독점입니다.

예배의 독점은 아름다움입니다

부부의 사랑 독점이 치사하거나 쩨쩨한 것이 아니듯, 예배의 독점도 결코 까다롭거나 인색한 의미가 아닙니다. 오히려 예배의 독점은 아름다움입니다. 예배의 대상이 하나라는 것은 당위와 윤리를 넘어 미(美)입니다. 여기저기 생각이 나뉘어 있는 모습이 아니라, 하나로 초지일관하는(undivided heart) 모습입니다. 연애하는 커플이 상대만 바라보며 집중(undivided heart)할 때 아름다워 보입니다. 부부 사이도 서로를 향한 전적인(undivided) 마음을 품을 때 아름답습니다. 마찬가지로 예배에서도 하나님은 우리의 온전하고 전적인 마음(whole and undivided heart)을 원하십니다. 즉, 우리의 마음을 독점하기를 원하십니다. 한국대학생선교회(CCC)를 설립하신 고(故) 김준곤 목사님의 말씀에 이런 독점의 사랑이 잘 표현되어 있습니다.

"우리는 꿈속에서도 코마 상태, 마취 상태라도 하나님 사랑을 기억하는 자가 되어야 합니다. 두 딸에게 효도를 가르치려는데, 하나님을 제일로 사랑하는 것이 제일 큰 효도요, 하나님을 제일로 사랑 못 하는 것이 가장 불효라고 가르치고 있습니다. 유언을 뭐라 할까 생각해 보는데 '주님을 가장 사랑하라' 말하려고 준비하고 있습니다."

그러나 하나님이 마땅히 독점해야 할 우리의 마음은 수많은 짝퉁 신들을 향해서 달아나고 있습니다. 하박국 선지자는 이런 모습을 이렇게 표현하고 있습니다.

15그가 낚시로 모두 낚으며 그물로 잡으며 투망으로 모으고 그리고
는 기뻐하고 즐거워하여 16그물에 제사하며 투망 앞에 분향하오니
이는 그것을 힘입어 소득이 풍부하고 먹을 것이 풍성하게 됨이니이
다_합 1:15~16

수단과 방법이 우상이 되어 버린 것을 물고기보다 낚시 도구가 우
상이 되어 버렸다고 고발하고 있습니다. 미화 달러를 보면 'In God We
Trust'라 새겨져 있는데, 이것을 요즘 'In this god, we trust'로 읽는다고
합니다. 달러, 돈이 우상이 되었다는 말이지요. 사도 바울은 우리 인간
들이 "그리스도를 섬기지 아니하고 다만 자기들의 배만 섬기나니 교활
한 말과 아첨하는 말로 순진한 자들의 마음을 미혹"(롬 16:18)한다고 하
면서 이기적인 인간의 욕심이 우상이 되었음을 지적합니다.

새 언약

그런데 하나님께만 드려야 할 마음을 다른 것에 쉬이 빼앗기는 백
성에게 하나님은 기적적으로 새 마음을 주신다고 합니다.

그가 또한 우리를 **새 언약**의 일꾼 되기에 만족하게 하셨으니 율법 조

문으로 하지 아니하고 오직 영으로 함이니 율법 조문은 죽이는 것이요 영은 살리는 것이니라_고후 3:6

여호와의 말씀이니라 보라 날이 이르리니 내가 이스라엘 집과 유다 집에 **새 언약**을 맺으리라_렘 31:31

38그들은 내 백성이 되겠고 나는 그들의 하나님이 될 것이며 39내가 그들에게 **한 마음과 한 길**을 주어 자기들과 자기 후손의 복을 위하여 항상 나를 경외하게 하고_렘 32:38~39

19내가 그들에게 **한 마음**을 주고 그 속에 **새 영**을 주며 그 몸에서 돌 같은 마음을 제거하고 살처럼 **부드러운 마음**을 주어 20내 율례를 따르며 내 규례를 지켜 행하게 하리니 그들은 내 백성이 되고 나는 그들의 하나님이 되리라_겔 11:19~20

저녁 먹은 후에 잔도 그와 같이 하여 이르시되 이 잔은 내 피로 세우는 **새 언약**이니 곧 너희를 위하여 붓는 것이라_눅 22:20

새 포도주를 새 부대에 담듯이, 십자가의 은혜로 우리의 마음에 새 언약을 주신다고 합니다. 예수님이 십자가에서 나 대신 죽으심을 믿는다는 것은 우리를 독점하시는 하나님의 마음을 깨닫고 하나님을 신뢰하면서 하나님께 독점당하는 기쁨과 감격을 얻는다는 것입니다. 내가 받아야 할 형벌을 대신 받으신 예수님을 믿으면, 못되게 구는 이웃도 사랑할 수 있는 힘을 얻게 됩니다. "원수를 사랑하라"는 말씀에 순종할 수 있는 사람은 바로 이 새 언약이 마음에 새겨진 자입니다. 즉, 내가 죽어서 받아야 할 마땅한 지옥의 형벌 속에서 십자가의 은혜를 받았을 때 (나를 애굽 땅, 종 되었던 집에서 인도하여 낸 하나님을 알게 될 때) 하나님의 제1계명인 "너는 나 외에는 다른 신을 네게 두지 말라"를 지켜 순종할 수 있는 힘을 얻게 되는 것입니다.

이 세상은 공립학교에서 십계명을 지웠습니다. 특정 종교에 치우친다는 명분으로 십계명을 교실 벽에 걸지 못하도록 법을 만들었습니다. 십계명의 돌판을 세우지 못하게 법령으로 막았습니다. 그러나 하나님만이 유일한 예배의 대상이시며 하나님과의 사랑이 독점 관계의 아름다움(美)임을 인정하는 자라면 큰 걱정 안 하셔도 됩니다. 새 언약은 십자가의 은혜를 경험한 마음에 새기는 것이지 돌에 새기는 것이 아니기 때문입니다. 돌판은 세상이 가져가라고 하십시오. 그리고 우리는 하나님의 계명을 결코 지워지지 않는 우리 마음판에 새깁시다. 우리 모두 걸어 다니는 십계명이 됩시다. 거룩한 계명을 반사하는 하나님의 거울이 되어 이 세상을 비추며 밝힙시다!

우리 모두 걸어 다니는 십계명이 됩시다.

거룩한 계명을 반사하는 하나님의 거울이 되어

이 세상을 비추며 밝힙시다!

1. 아이를 낳았을 때 가장 힘들었던 것은 무엇이었습니까? 기억에
   남는 출산 에피소드가 있다면 나누어 봅시다.

....

....

....

....

....

....

2. 만일 십계명을 주시는 엄중한 순간에 내가 있게 된다면 어떻
   게 하겠습니까? 십계명을 대하는 내 마음은 어떠합니까(출
   19:11~24; 신 9:10; 눅 11:20)?

....

....

....

....

....

3. 십계명을 주시기 전까지 하나님은 이스라엘 백성들을 어떻게 인도하셨습니까? 내가 출애굽하여 시내산에 오기까지 하나님이 나를 어떻게 인도해 주셨는지 나누어 봅시다(출 7~11장, 14장, 16장).

....
....
....

4. "너는 나 외에는······"(출 20:3)에서 '너'는 단수입니다. 하나님과의 긴밀한 관계를 전제로 주신 말씀입니다. 이 관계에서 나타나는 두 가지의 교훈은 무엇입니까?

1) 독점은 (   )의 독점입니다.
2) (   )의 독점은 아름다움입니다.

이런 독점의 관계를 하나님과 얼마나 누리고 있습니까?

....
....
....
....

5. 우리는 하나님과 새 언약을 맺은 자로서 새 마음을 받게 되었습니다(고후 3:6; 겔 11:19~20). 내 죄를 보고 십자가의 은혜를 깨달아 새 마음이 된 것은 무엇입니까? 새 마음이 되어 이전에는 순종할 수 없었던 것을 순종하게 된 일이 있습니까?

....
....
....
....
....
....

6. 예수님은 십자가에서 흘리신 피로 새 언약을 세워 주셨습니다. 교회의 성찬식에 참여하면서 새 언약의 감격을 누리고 있습니까? 새 언약을 지닌 자로서 십자가의 은혜를 누구에게 반사하고 비추길 원합니까(눅 22:20; 렘 32:38~39; 겔 11:19~20)?

....
....
....
....
....
....

결론

십계명은 엄중한 분위기에서 하나님의 손으로 기록된 엄중한 말씀입니다. 그 엄중함에 압도되어 우리는 죽음의 공포를 느끼지만 하나님은 우리를 죽음의 땅에서 인도하여 내신 분으로 찾아오십니다. 하나님은 제1계명을 주시면서 나를 콕 찍어 "너는 나 외에는 다른 신들을 네게 두지 말라"고 하십니다. 부부의 관계를 뛰어넘는 사랑의 독점을 말씀하시고 아름다운 예배의 독점을 요구하십니다. 우리는 거짓 신들을 향해 나뉜 마음을 돌이켜서 온전하고 전적인 마음으로 하나님만 예배하고 하나님을 제일 사랑해야 합니다. 다른 것에 쉬이 마음을 빼앗기는 우리에게 하나님은 새 언약을 주시고 새 마음을 주십니다. 우리 모두 십자가의 은혜를 경험한 새 마음으로 거룩한 계명을 이 세상에 비추게 되기를 간절히 기도합니다.

제3장

질투

4너를 위하여 새긴 우상을 만들지 말고 또 위로 하늘에 있는 것이나 아래로 땅에 있는 것이나 땅 아래 물 속에 있는 것의 어떤 형상도 만들지 말며 5그것들에게 절하지 말며 그것들을 섬기지 말라 나 네 하나님 여호와는 질투하는 하나님인즉 나를 미워하는 자의 죄를 갚되 아버지로부터 아들에게로 삼사 대까지 이르게 하거니와 6나를 사랑하고 내 계명을 지키는 자에게는 천 대까지 은혜를 베푸느니라

_출 20:4~6

얼핏 보면 제1계명과 제2계명은 같아 보입니다. 그러나 제1계명이 다른 신을 금한 것이라면 제2계명은 하나님을 과소평가하지 말라는 명령입니다. 좀 더 정확하게 말하자면 하나님을 형상화하여 피조물 중 하나로 과소평가하는 것을 금한 법입니다.

과소평가

> …… 또 위로 하늘에 있는 것이나 아래로 땅에 있는 것이나 땅 아래 물 속에 있는 것의 어떤 형상도 만들지 말며_출 20:4b

여기서 '어떤 형상도' 만들지 말라는 명령은 조각품이나 그림 같은 예술작품을 금한 것이 아닙니다. 만일 그런 의미였다면 광야의 성막 안에 그려진 천사들이나 예루살렘의 솔로몬 성전 안에 세워진 석류, 사자, 소, 그룹들의 상도 만들지 못했을 것입니다(왕상 7:18~29). 그렇다면 제2계명이 금한 것은 무엇일까요?

> 그것들에게 절하지 말며 그것들을 섬기지 말라…… _출 20:5a

형상을 만들어 놓고 그것이 하나님인 양 절하거나 섬기는 예배 행위를 금한 것입니다. 천주교(로마 가톨릭)에서는 1계명과 2계명을 합쳐서 1계명으로 봅니다. 대신 제10계명을 둘로 나누었습니다. 천주교의 10계명은 이와 같습니다.

일. 한 분이신 하느님을 흠숭하여라.

이. 하느님의 이름을 함부로 부르지 마라.

삼. 주일을 거룩히 지내라.

사. 부모에게 효도하여라.

오. 사람을 죽이지 마라.

육. 간음하지 마라.

칠. 도둑질을 하지 마라.

팔. 거짓 증언을 하지 마라.

구. 남의 아내를 탐내지 마라.

십. 남의 재물을 탐내지 마라.

성경의 제1계명은 하나님만이 유일한 하나님이시며, 하나님만이 우리의 예배를 '독점'하시는 유일한 대상임을 분명히 합니다. 그런 면에서 천주교의 1계명도 같은 맥락입니다. 그러나 아쉬운 것은 성경에서 제2계명을 통해 하나님에 대한 올바른 예배를 명령하셨는데 천주교에서는 이것을 간과하여 성인 숭배, 유품 숭배 같은 잘못된 예배에 문을 열어 주었다는 것입니다. 성경에서는 분명히 형상을 만들어 그것들에게 예배하지 말라고 했습니다. 바벨론의 느부갓네살 왕은 자신의 금 신상을 만들어서 바벨론 두라 평지에 세웠습니다(단 3장). 그 이유가 무엇입니까? 금 신상에 절하게 하고 느부갓네살 자신을 숭배하게 하기 위함입니다.

하나님을 형상화 하지 말라

그러나 하나님은 자신을 형상화하지 말라 하셨습니다. 모세가 산 위에 올라가 밤낮 40일을 있는 동안, 산 아래에서 모세를 기다리던 자들이 불안해지기 시작합니다. 그때 이스라엘 백성이 만들어 낸 것이 송아지 형상의 신입니다.

1백성이 모세가 산에서 내려옴이 더딤을 보고 모여 백성이 아론에게 이르러 말하되 일어나라 **우리를 위하여 우리를 인도할 신을 만들라** 이 모세 곧 우리를 애굽 땅에서 인도하여 낸 사람은 어찌 되었는지 알지 못함이니라…… 4아론이 그들의 손에서 금 고리를 받아 부어서 조각칼로 새겨 **송아지 형상**을 만드니 그들이 말하되 이스라엘아 **이는 너희를 애굽 땅에서 인도하여 낸 너희의 신**이로다 하는지라_출 32:1, 4

송아지를 만들어 놓고 외치는 말이 어디서 들어 본 말입니다. 어디서 들었나요? 십계명을 주실 때 하나님이 아이스 브레이킹(icebreaking) 하면서 주셨던 말씀입니다.

나는 너를 애굽 땅, 종 되었던 집에서 인도하여 낸 네 하나님 여호와니라
_출 20:2

여기서 주목할 것은 이스라엘 백성이 애굽 땅에서 그들을 구출한 신을 만들면서 송아지로 형상화했다는 것입니다. 한마디로 송아지 형상을 만들어 놓고, 이것이 애굽 땅, 종 되었던 집에서 인도해 낸 우리의 신, 여호와라고 한 것입니다.

즉, 이스라엘 백성이 애굽 땅에서 인도하여 낸 신을 여호와 하나님에서 송아지로 바꾼 것이 아닙니다. 송아지 형상의 우상을 만들어 놓고 하루아침에 자기들이 믿는 신을 갈아 치우고, 송아지를 섬기는 자들이 되었다는 뜻이 아닙니다. 금송아지 상을 만들어 놓고 "이것이 여호와 하나님이다!"라고 한 것입니다. 송아지 상을 만든 후 다음 날 그들이 하는 일을 보면 더욱 가관입니다.

5아론이 보고 그 앞에 제단을 쌓고 이에 아론이 공포하여 이르되 내일은 여호와의 절일이니라 하니 6이튿날에 그들이 일찍이 일어나 번

제를 드리며 화목제를 드리고 백성이 앉아서 먹고 마시며 일어나서
뛰놀더라_출 32:5~6

송아지 형상을 만들어 놓고 '여호와의 절일'을 선포하는 것을 보
십시오. 송아지를 만들어 놓고 바알을 섬겼다든지, 태양신을 섬겼든
지 했다면 제1계명을 어기고 '다른 신'을 섬겼다 할 수 있습니다. 그런
데 문맥을 아무리 살펴봐도 애굽 땅에서 인도하여 낸 신, 여호와 하나
님을 섬기는 모습입니다. 하지만 하나님께서는 산중에서 자기를 대면
하고 있는 모세에게 이렇게 말씀하십니다.

여호와께서 모세에게 이르시되 너는 내려가라 네가 애굽 땅에서 인
도하여 낸 네 백성이 **부패**하였도다_출 32:7

하나님을 섬긴다면서 송아지 형상을 만든 백성이 부패했다는 것
입니다. 제1계명을 따라서 하나님 외에 다른 신을 두지 않은 것은 일견
맞을지 모르지만, 하나님을 형상화해서 섬기는 것은 정확하게 제2계명
을 어긴 것이고, 그것은 정상참작이 안 되는 '부패' 그 자체이며, 우상이
라는 것입니다.

홍정길 목사님이 그의 십계명 강해에서 하신 이야기입니다. 신학
교 시절 한국의 한 교회에 방문한 적이 있었는데, 한 할머니가 강대상

앞으로 다가가더니 강대상 뒤에 걸려 있는 큰 십자가를 향해 계속 합장하고 절하는 광경을 목격했답니다. 이때 십자가가 영광스러운 복음의 상징임에도 불구하고 잘못하면 저런 경배의 대상이 될 수가 있다는 것을 깨달았다고 합니다.[1]

존 칼빈(John Calvin)은 그의 십계명 강해에서 하나님을 형상화해서 섬기는 것을 '부패'라고 한 이유를 이렇게 설명합니다.

> 여기에 계시된 하나님의 장엄함을 우리가 조금도 파악하지 못하기 때문이다. …… 모세는 이 주제를 다음의 말로 확증한다: 하나님이 산 위 불 가운데서 얼굴과 얼굴을 대면하듯 너희에게 친히 말씀하셨다(신 5:4).[2]

즉, 하나님은 모세에게 대면하여 말씀하셨지만, 모세가 우리에게 그 말씀을 대언하는 상황도 하나님과 우리가 직접 대면하는 장엄한 현장이라는 것을 믿지 않기 때문에 송아지를 만들어 하나님을 평가절하하는 부패에 빠지게 되었다는 것입니다.

---

1) 홍정길, 십계명 강해, 새순출판사, 1983, p. 58
2) John Calvin, John Calvin's Sermons on The Ten Commandments, Baker, Edited and Translated by Benjamin W. Farley, 1980, p.52: "Because we do not apprehend at all the majesty of God which is revealed here. ……(Moses) adds a confirmation to this subject in saying: that God spoke to the people face to face on the mountain, out of the midst of the fire"

왜 부패이며 우상인가?

형상화를 금한 성경 구절을 찾아 보시면 공통적으로 등장하는 단어가 있습니다.

너를 위하여 새긴 우상을 만들지 말고 또 위로 하늘에 있는 것이나 아래로 땅에 있는 것이나 땅 아래 물 속에 있는 것의 어떤 형상도 만들지 말며_출 20:4

15여호와께서 호렙 산 불길 중에서 너희에게 말씀하시던 날에 너희가 어떤 형상도 보지 못하였은즉 너희는 깊이 삼가라 16a그리하여 스스로 부패하여 **자기를 위해** 어떤 형상대로든지 우상을 새겨 만들지 말라……_신 4:15~16a

너희는 **자기를 위하여** 우상을 만들지 말지니 조각한 것이나 주상을 세우지 말며 너희 땅에 조각한 석상을 세우고 그에게 경배하지 말라 나는 너희의 하나님 여호와임이니라_레 26:1

자기를 위하여 주상을 세우지 말라 네 하나님 여호와께서 미워하시느니라_신 16:22

형상을 만든 이유가 하나님을 위한 것이 아니라, 인간 자신을 위한 것이라고 말씀하십니다. 하나님의 형상이라고 만들었지만, 그 동기를 잘 들여다보면 형상화의 궁극적 목적이 인간 자신을 위한 것임을 알 수 있습니다. 눈에 안 보이는 하나님을 가시화하고, 만져지지 않는 하나님을 만질 수 있도록 사람 맞춤형(custom-made)으로 작업하여 보고 만질 수 있게(huggable) 형상화한 것입니다. 감정적으로는 이것이 이해가 됩니다. 돌아가신 부모님이 보고 싶어서 사진을 늘 옆에 두는 것을 이해 못 할 사람이 어디 있겠습니까? 출장을 자주 다니는 남편이 보고 싶어서 남편 사진을 지갑에 넣고 다니는 아내의 마음도 충분히 이해합니다. 그러나 하나님이 보고 싶다고 하나님을 형상화하는 작업이 어떻게 부패로 악화되는지 심도 있게 들여다보아야 합니다.

첫째, 과소평가

16b……남자의 형상이든지, 여자의 형상이든지, 17땅 위에 있는 어떤 짐승의 형상이든지, 하늘을 나는 날개 가진 어떤 새의 형상이든지, 18땅 위에 기는 어떤 곤충의 형상이든지, 땅 아래 물 속에 있는 어떤 어족의 형상이든지 만들지 말라 19또 그리하여 네가 하늘을 향하여 눈을 들어 해와 달과 별들, 하늘 위의 모든 천체 곧 너희의 하나님 여호와께서 천하 만민을 위하여 배정하신 것을 보고 미혹하여 그것에

경배하며 섬기지 말라_신 4:16b~19

모든 것을 만드신 창조주 하나님을 사람의 모습이나 짐승의 모습으로 형상화하는 순간, 하나님은 평가절하 되고 그렇게 제한된 하나님의 이미지는 더 이상 하나님이라고 할 수 없습니다.

그는 모세보다 더욱 영광을 받을 만한 것이 **마치 집 지은 자가 그 집보다 더욱 존귀함 같으니라**_히 3:3

하나님을 형상화하는 것은 크신 하나님을 형편없이 추락시키는 것입니다. 추락된 하나님의 이미지를 가지고 다니면, 우리의 신앙은 결국 부패에 빠지게 됩니다. 예를 들어, 집에 들어온 자녀들이 안방에 계시는 아버지가 아닌, 거실에 걸려 있는 아버지 사진을 향해 "다녀왔습니다"라고 인사하며 자기들 방으로 들어간다고 가정하면 얼마나 웃기는 얘기입니까? 살아 계신 아버지를 인식하지 않고 사진 속의 아버지만 생각한다면, 그다음부터 부모를 참되게 공경하기보다는 섬기지 못할 핑계를 만들어서 결국 고르반[3] 같은 부패가 생기는 것입니다.

---

3) '하나님께 드리기 위해 구별해 둔 예물'이란 뜻인데, 부모님을 부양하기 위해 떼어 놓은 물건을 부모님께 드리기 싫어서 하나님께 드리는 물건이라고 핑계 대며 부모님을 부양하는 책임을 회피할 때 일컫는 말이 되었다. 마가복음 7장 11절을 참고하라.

둘째, 애매모호

아론이 송아지 상을 만들어서 하나님이라고 한 것은 아마도 하나님의 힘을 상징하기 위함이었을 것입니다. 바로의 손아귀에서 건져 내신 하나님의 능력을 표출하려고 했을지도 모릅니다. 그러나 우리는 거기에서 하나님의 부드러우심, 하나님의 은혜 그리고 하나님의 따뜻한 사랑은 찾아볼 수 없습니다.

이 형상이 우리에게 심어 주는 것은 결국 '힘'입니다. 그래서 우리는 힘으로 상징되는 것을 우상으로 섬기는 파행으로 치닫게 됩니다. 힘 있는 하나님을 섬기는 것인지, 힘 자체를 섬기는 것인지 애매모호해집니다. 권력이든, 돈이든, 육체적인 매력이든 그런 것들을 우상으로 섬기게 되어 있습니다.

시카고 근교의 휘튼(Wheaton)에 있는 칼리지 교회(College Church)의 은퇴 목사이며, 현재 필라델피아 웨스트민스터 신학교에서 목회학 박사과정을 담당하고 있는 캔트 휴즈(Kent Hughes) 목사는 그의 책에서 이렇게 말했습니다.

"하나님의 백성 다수가 우상에 미혹되어, 자기두 모르게 자신의 연약함을 하나님께 투사하면서 우상들을 형상화한다."[4]

비만으로 인해 건강이 나빠지고 몸매도 엉망이 되면, 몸매 멋지고 건강미 있는 사람들을 보면서 '하나님, 저도 저렇게 되고 싶습니다'라고 자기 소원을 투사(project)한다는 것입니다. 이런 과정이 반복되면 좋은 몸매와 건강미가 나도 모르게 나의 하나님이 되는 것입니다. 그러나 하나님은 내가 투사하며 그리는 그런 하나님이 결코 아닙니다.

하나님께서 자신을 형상화하는 것을 금하신 이유를 본문은 이렇게 말합니다.

질투하는 하나님

5b…… 나 네 하나님 여호와는 질투하는 하나님인즉 나를 미워하는 자의 죄를 갚되 아버지로부터 아들에게로 삼사 대까지 이르게 하거니와 6나를 사랑하고 내 계명을 지키는 자에게는 천 대까지 은혜를 베푸느니라_출 20:5b~6

---

4) R. Kent Hughes, Disciplines of Grace, Crossway Books, p.43: "But through the delusion of idolatry, many of God's people began to create gods in their own images as they unconsciously projected their own weaknesses back onto Him."

제1계명에서 설명한 '독점'의 의미처럼 '질투' 역시 부정적인 이미지를 가지고 있습니다. 그러나 하나님은 '질투'를 자신을 계시하는 단어로 사용하십니다. 그 의미가 생생히 드러나게 다음과 같이 설명합니다.

"나를 미워하는 자의 죄를 갚되…… 삼사 대까지." 얼핏 보면 협박 같지만, 잘 읽어 보면 하나님의 마음을 느낄 수 있습니다. "죄를 갚되 삼사 대까지"라는 표현은 당시 한 사람이 생존하며 목격할 수 있는 세대가 3~4대인데 그 기간 동안 하나님을 미워하는 자가 행한 우상 숭배의 결과를 충분히 확인할 것이라는 의미입니다. 그와 반대로, 진심으로 하나님의 계명을 사랑하고 지키면, 1,000대까지 은혜를 베풀겠다고 약속하십니다. 자신이 생존하며 볼 수 있는 3~4대를 넘어 1,000대가 되는 기간 동안, 내가 볼 수 없어도 하나님의 은혜를 받을 것이라는 약속입니다.

죄는 탈선입니다. 죄의 모습은 마치 자동차가 중앙선을 넘는 것과 같습니다. 3~4대까지 죄를 갚는 것은 하나님이 의지적으로 움직이지 않으셔도 중앙선을 넘나드는 자동차처럼 자연스레 결과가 나타날 것입니다. 하지만 1,000대까지 은혜를 베푸는 행위는 하나님께서 의지를 담고 행하셔야 가능한 일입니다. 1,000대까지 은혜를 베풀겠다는 하나님의 의지를 로마서는 이렇게 표현합니다.

우리가 아직 죄인 되었을 때에 그리스도께서 우리를 위하여 죽으심

으로 하나님께서 우리에 대한 자기의 사랑을 확증하셨느니라_롬 5:8

아들을 아끼지 않은 사랑이 하나님의 사랑입니다. 아들까지 내어 주시며 사랑을 확증하셨는데, 하나님이 질투하시는 것은 당연합니다. 예를 들어, 남편만 알고 남편만 사랑하고 남편 닮은 애를 낳고 남편만 바라고 살아가는 아내가 있습니다. 그런데 남편이 다른 여자를 바라본다면, 그때 아내의 마음은 실망과 분노로 불타오를 것입니다. 그 마음을 하나님은 질투라 부르십니다.

여전히 엉뚱한 것을 하나님인 양 바라보고 있는 우리를 향해서 하나님은 다시 맘을 다잡으시고, 더 오래 참아 주시고, 1,000대까지 축복할 의지로 용서하시고 끝까지 사랑하십니다. 그런데 우리가 여전히 돌이키지 않고, 자기가 원하는 대로 형상을 만들어 섬길 때 하나님은 타오르는 의분에 질투하십니다. 실체를 부인하고 그림자에 빠져 있는 우리를 향한 하나님의 끝없는 짝사랑인 것입니다. 능력이 필요해서 힘 있는 하나님을 의지했다가, 일이 해결되면 언제 그랬냐는 듯 하나님을 시공의 한계에 가둬 놓을 수 있는 존재로 취급하는 우리를 향하여 지금도 하나님은 배신의 상처를 입을지언정 끊임없이 사랑을 쏟아 내시며 질투하십니다. 하나님을 형상화하는 죄는 하나님에게서 이런 질투를 자아냅니다.

진짜 형상이 있다

본래 하나님을 본 사람이 없으되 아버지 품 속에 있는 독생하신 하나님이 나타내셨느니라_요 1:18

나와 아버지는 하나이니라 하신대_요 10:30

예수께서 이르시되 빌립아 내가 이렇게 오래 너희와 함께 있으되 네가 나를 알지 못하느냐 나를 본 자는 아버지를 보았거늘 어찌하여 아버지를 보이라 하느냐_요 14:9

맞습니다. 예수님만이 하나님의 완전한 형상이십니다. 그분만이 우리의 예배 대상입니다. 예배할 자를 찾던 사마리아 여인에게 예수님이 하셨던 말씀을 기억하십니까? 사마리아 여인이 "우리 조상들은 이 산에서 예배하였는데 당신들의 말은 예배할 곳이 예루살렘에 있다 하더이다"(요 4:20)라고 했을 때, 예수님은 이와 같이 말씀하셨습니다.

21예수께서 이르시되 여자여 내 말을 믿으라 이 산에서도 말고 예루살렘에서도 말고 너희가 아버지께 예배할 때가 이르리라 …… 23아버지께 참되게 예배하는 자들은 영과 진리로 예배할 때가 오나니 곧 이 때라 아버지께서는 자기에게 이렇게 예배하는 자들을 찾으시느니라 24 하나님은 영이시니 예배하는 자가 영과 진리로 예배할지니라 God is spirit, and those who worship him must worship in spirit and truth_요 4:21, 23~24

여기서 영과 진리(spirit and truth)로 예배할 때가 온다는 말은 단순히 정성을 다해 예배할 때가 온다는 뜻이 아니라, 시공간을 문제 삼아 언제 어디서 예배드리느냐가 문제 되지 않고, 시공간을 넘어 예수 안에서 예배드리는 때가 온다는 뜻으로 해석됩니다. 그래서 '영과 진리'를 영어 대문자 'Spirit and Truth'로 쓰면서, 그리스도의 '영'과 그리스도의 '진리'로 시공을 초월하여 예배할 수 있다는 의미로 해석하기도 합니다.

하나님의 독생자 예수 외에 다른 것으로 하나님을 형상화하면, 하나님은 거룩한 질투를 발하십니다. 예수 아니면 아닙니다! 오직 예수입니다. 할렐루야!

적용 질문

1. 서로의 별명을 나누어 봅시다. 혹시 내 별명 때문에 마음 아팠던 적은 없었습니까?

....
....
....
....
....

2. 제2계명은 하나님을 형상화하지 말라는 명령입니다. 이스라엘 백성들은 어떻게 하나님을 형상화했습니까(출 20:4; 32:1~4)?

....
....
....
....
....
....

3. 형상화를 금하는 성경 구절에서 공통적으로 나타나는 단어는 무엇입니까(출 20:4; 신 4:15~16; 레 26:1; 신 16:22)? 내가 만들려고 하는 우상은 누구를 위한 것입니까?

....
....
....
....
....
....
....

4. 하나님을 형상화하는 순간 하나님은 평가절하 되고 하나님의 이미지는 추락하게 됩니다(신 4:16~19). 예수 믿는 내가 하나님을 우상처럼 만들려고 한 죄 때문에 세상 사람들이 하나님을 오해하게 된 일이 있습니까?

....
....
....
....
....

5. 독생자를 내어 주기까지 사랑하시는 하나님의 질투에 대해서 어떻게 생각합니까(롬5:8)? 우리를 향한 애끓는 하나님의 짝사 랑이 느껴집니까?

....
....
....
....
....
....
....

6. 성경이 말하는 하나님의 진짜 형상은 누구입니까(요 1:18; 10:30; 14:9)? 예수님을 믿고 예수님의 영과 진리로 예배드림으로써 받 게 된 천 대의 은혜는 무엇입니까?

....
....
....
....
....
....

결론

제2계명은 우리에게 하나님을 과소평가하지 말 것을 명령합니다. 하나님을 형상화하여 섬기는 것은 하나님을 피조물로 격하시키는 것입니다. 하나님은 우리의 예배를 독점하실 뿐만 아니라 우리에게 올바른 예배를 명하십니다. 하나님을 형상화하려고 할 때 인간은 부패로 악화됩니다. 자기를 위한 이기심으로 크신 하나님을 형편없이 추락시키며 자기의 연약함을 투사하여 하나님을 우상으로 만듭니다. 우리가 엉뚱한 것을 하나님인 양 바라보고 빠져 있으면 하나님은 질투하십니다. 그러나 그 질투는 독생자를 내어 주기까지 우리를 사랑하시는 하나님의 애끓는 마음입니다. 하나님은 우리에게 가짜 형상이 아니라 진짜 형상을 주셨습니다. 예수님만이 하나님의 완전한 형상이요, 우리의 예배 대상이십니다. 우리 모두 예수의 영과 예수의 말씀으로 올바른 예배를 드리면서 하나님이 베푸시는 천 대의 은혜를 받기를 기도합니다.

제4장

명예 名譽

너는 네 하나님 여호와의 이름을 망령되게 부르
지 말라 여호와는 그의 이름을 망령되게 부르는 자
를 죄 없다 하지 아니하리라 *You shall not take the
name of the Lord your God in vain for the LORD
will not hold him guiltless who takes his name in
vain* [*ESV*]_ 출 20:7

제3계명은 "…… 여호와의 이름을 망령되게 부르지 말라"고 명령합니다. 이스라엘 백성은 어떤 것이 여호와의 이름을 망령되게 부르는 경우인지 규명하기보다 여호와의 이름을 '아예 부르지 않았습니다'. 그것이 혹여나 실수하지 않고 이 명령을 잘 지키는 방법이라고 생각했는지도 모릅니다. 그렇게 시간이 흘러가면서 정작 하나님의 이름을 부르는 정확한 발음조차 모르게 되었습니다. 실제로 성경을 읽어 가다가 하나님의 이름 여호와 'יהוה'가 나오면, 여호와라 부르지 못하고 '아도나이'(나의 주님)라 읽었습니다. 하나님의 이름은 히브리어로 자음 네 글자 יהוה(요드 헤 바브 헤)로 되어, 테트라그람(거룩한 네 문자, tetragram)이라고 합니다. 모음 없이도 이스라엘 사람들은 다 읽었지만, 후세 사람들은 하나님의 이름을 정확히 어떻게 읽는지 모르게 되었습니다. 그래서 후세 사람을 위해서 주후 5~9세기에 거쳐 맛소라(Masorah) 학자들이 모음을 붙이기 시작합니다. 그러면서 하나님의 이름, 곧 테트라그람 네 자음에 모음인 '애오아'를 붙였는데, 그것이 모든 성경번역에 '여호와(Johovah)'라고 기록된 유래입니다. 지금은 여호와보다 야훼, 혹은 야웨가 더 맞다고 주장하지만, 너무 오래 '여호와'라는 이름으로 부르게 되어 우리 개역개정판에도 '여호와'라는 이름으로 정착되어 부르고 있습니다.

모세가 "누가 나를 보냈다고 하리이까?"라고 하나님께 물었을 때, 하나님은 자신의 이름을 알려 주셨습니다. "나는 스스로 있는 자이다"

라고 하십니다. 영어 번역본에는 'I AM'으로 되어 있습니다.

> 하나님이 모세에게 이르시되 **나는 스스로 있는 자이니라** 또 이르시되 너
> 는 이스라엘 자손에게 이같이 이르기를 **스스로 있는 자가 나를 너희에**
> **게 보내셨다 하라** God said to Moses, **I AM WHO I AM.** (Or I am what I
> am, or I will be what I will be) And he said, Say this to the people of Israel,
> **I AM has sent me to you.**[ESV]_출 3:14

망령되게 부르지 말라

'망령'은 영어로 in vain[ESV], misuse[NIV]로 표현됩니다. 우리
가 하나님의 이름을 헛되게 혹은 잘못 사용해서는 안 되는 이유는 그
이름이 단순히 이름이 아니라, 실체와 동일한 이름이기 때문입니다.
아버지와 별로 사이가 좋지 않은 아들이 자신의 집에 자주 오는
아버지를 오지 못하게 하는 방법으로 애완견을 아버지의 이름으로 지
었는데, 이것이 효과가 있었다고 합니다. 아버지가 방문했을 때 계속해
서 자기 개를 부르며 명령하는 것입니다. 예를 들어, 아버지의 이름이
제임스이면 강아지 이름을 제임스라 지어 부릅니다. 아버지 앞에서 강
아지 이름을 부르면서 '일어서' '나가' '어디서 똥 싸' '앉아' '일어서'와

같은 명령을 계속하면 아버지가 다시 집에 찾아오지 않는다는 것입니다. 자식은 그저 강아지 이름을 부른 것뿐이라고 하지만, 아버지가 듣기에는 아주 기분이 나쁩니다. 왜 강아지의 이름을 부를 때 아버지의 기분이 나쁠까요? 제임스라는 이름과 아버지의 실체를 분리할 수 없기 때문입니다. 서양 문화권에서는 아무리 아들이 아버지의 이름을 부른다고 하지만, 유교 문화권에서는 임금의 이름을 피하여 자나 호를 '피휘(避諱)'하여 사용했던 것을 생각한다면, 위의 경우는 정말로 배은망덕한 사례가 아닐 수 없습니다. 굳이 제3계명에 의거해 말한다면, 자식이 아버지의 이름을 강아지 이름으로 사용한 것은 아버지의 이름을 '망령되게' 오용한 것이라 할 수 있습니다.

하나님과 하나님의 이름을 분리해서 생각할 수 없습니다. 그 이름에 묻어 있는 무게가 있습니다. 하나님의 품성과 하나님이 행하신 일의 역사가 고스란히 담겨 있기 때문입니다.

봉이 김선달 하면 사기꾼 이미지가 떠오릅니다. 잭 더 리퍼(Jack the Ripper) 하면 19세기 말 영국의 희대 살인마가 생각납니다. 아돌프 히틀러 하면 전쟁광, 혹은 유태인 600만 명을 학살한 잔인한 독재자가 생각납니다. 그것처럼 하나님의 이름과 하나님의 품성과 하나님의 역사는 함께 갑니다.

하나님의 이름이 I AM이라 했습니다. 꼭 현재형같이 말씀하시지만, '과거와 현재와 미래의 나는' 이라는 의미가 이 이름 안에 다 들어가 있습니다(I WAS, I AM, I WILL BE). 하나님이 앞으로 행하실 일들도 그분의 품성, 인격과 함께 이 이름에 녹아 있는 것입니다. 그래서 하나님의 이름은 하나님의 명예와 직결되어 있고, 하나님의 이름을 망령되이 부르면 하나님의 명예에 손상이 가는 것입니다. 구체적으로 제3계명이 금한 것은 무엇인지 살펴보겠습니다.

첫째, 하나님이 명하신 것을 신중히 지키라는 뜻입니다.

명예는 사람의 사회적 지위에 대한 사회의 평가를 말합니다. 명예훼손이란 법령조문 형법 307조에 의거해, 공연히 어떤 사실을 적시하여 어떤 사람에 대한 사회적 지위와 평가를 훼손하거나 또는 공연히 허위의 사실을 적시하여 어떤 사람의 명예를 훼손한 범죄입니다.[1]

아론의 아들 나답과 아비후가 여호와 앞에서 제사를 집례하다가 죽은 사건이 있습니다.

> 1아론의 아들 나답과 아비후가 각기 향로를 가져다가 여호와께서 명령하시지 아니하신 다른 불을 담아 여호와 앞에 분향하였더니 2불이 여호와 앞에서 나와 그들을 삼키매 그들이 여호와 앞에서 죽은지라
> _레 10:1~2

---

1) 형법 307(accessed 2022. 4. https://glaw.scourt.go.kr/wsjo/lawod/sjo192.do?contId=2221937 &jomunNo=307&jomunGajiNo=0)

왜 여호와께서 금하신 것을 행하는 나답과 아비후를 사람들이 말리지 않았을까요? 아마 말렸을지도 모릅니다. 하지만 나답과 아비후가 오히려 말리는 사람들에게 "왜? 이 불과 저 불이 무슨 차이가 있는데? 말도 안 되는 소리 하지 마!"라고 하지 않았을까요? 나답과 아비후는 하나님의 말씀을 농담으로 여겼던 롯의 사위들처럼 여호와의 명령을 하찮게 여겨서 심판을 받은 것입니다. 하나님의 이름을 망령되이, 농담으로 여긴 죄의 결과입니다.

둘째, 하나님의 이름을 나의 변명거리로 삼지 말아야 합니다.

예를 들면 자기가 숙제 못 한 이유나 공부 못 한 이유를 하나님의 일을 했기 때문이라고 핑계 삼지 말아야 한다는 것입니다. 아들이 초등학교 시절, 태권도를 배웠습니다. 소위 승단 시험을 위해 좀 큰 대회에 나갔는데, 그 순간을 비디오로 찍기 위해 저도 시간을 내어 대회에 갔습니다. 당시 스마트폰이 없던 시절이라 캠코더를 빌려 갔습니다. 그러나 아들은 일대일 대련에서 기대한 만큼 잘 하지 못했습니다. 그때 아들이 훌쩍거리며 "아빠 실망시켜 드려 죄송해요(I am sorry 아빠. I let you down)"하는 것입니다. 저는 경기의 승패와 상관없이 최선을 다했으면 됐다고 아들을 격려했는데, 자기의 성적이 사진까지 찍으러 온 아빠의 명예와 직결되어 있다고 인식하여 그런 말을 했다고 이해합니다. 한편 가슴 뭉클한 말이었습니다. 우리가 잘못하면 우리 부모님이 욕을 먹습니다. 마찬가지로 우리가 잘못하면 하나님의 명예가 땅에 떨어집니다. 제3계명은 우리에게 하나님 아버지의 기대를 저버리지 말고 최선을 다하며, 결코 하나님을 실망시키지 말라고 명령합니다.

제가 대학가에서 한인 2세들 중심으로 대학생 사역을 할 때, 학생 임원들을(회장, 부회장, 총무, 신앙부장, 음악부장 등) 뽑았습니다. 그들을 제자훈련 시키는데, 그중 하나가 학기마다 성적표를 저에게 가져왔습니다. 부모님께도 성적표를 보여 드려야 하지만, 담임목사인 저에게도 가져와야 하는 것을 제자훈련의 필수 사항으로 명시했습니다. 왜냐하면 주의 일을 하면서 성적이 떨어지는 학생이 있다면 그것이야말로 하나님의 명예를 실추시키는 것이라고 엄히 가르쳤기 때문입니다. 주의 일을 평계로 자기의 일을 태만히 하는 것은 제3계명을 어기는 것이라고 할 수 있습니다.

셋째, 욕을 내뱉으며 하나님의 이름을 오용하는 것을 금했습니다.

사람들이 말을 하다가 아무 의미도 없이 "O My God(오 하나님)" 혹은, 예수님 이름을 들먹이며 욕설을 내뱉는 것을 듣습니다. 우리가 자기 아버지의 이름을 부르며 욕하는 것을 상상할 수 있겠습니까? 어떻게 뜻도 없이, 하나님의 이름을 욕하는 것처럼 함부로 부를 수 있겠습니까? 우리 모두는 하나님의 이름으로 구원 받은 사람입니다.

누구든지 주의 이름을 부르는 자는 구원을 받으리라_롬 10:13

우리 믿는 자들은 하나님의 이름으로 구원을 얻은 자들이며, 예수 그리스도의 최후 승리를 체험한 자입니다. 그런데 어떻게 그 이름을 함부로, 아무 뜻도 없이, 심지어 욕하며 사용할 수 있겠습니까?

넷째, 하나님의 이름을 이기적인 목적에 쓰지 말라는 명령입니다.

너희는 내 이름으로 거짓 맹세함으로 네 하나님의 이름을 욕되게 하지 말라 나는 여호와이니라_레 19:12

항상 그들이 나를 멸시하는 자에게 이르기를 너희가 평안하리라 여호와의 말씀이니라 하며 또 자기 마음이 완악한 대로 행하는 모든 사람에게 이르기를 재앙이 너희에게 임하지 아니하리라 하였느니라 _렘 23:17

자신의 목적 달성을 위해서 하나님의 이름을 이용하는 경우가 있습니다. 역사적으로 노예제도를 옹호하기 위하여 미국 교회가 아전인수 격으로 성경을 해석한 것이 그 예입니다. "…… 가나안은 저주를 받아 그의 형제의 종들의 종이 되기를 원하노라……"(창 9:25). 이 성경 말씀을 아프리카에서 흑인을 잡아와 노예로 사용해도 된다는 근거로 이용한 것은 미국 교회의 가장 부끄러운 역사 중 하나입니다. 이처럼 제3계명은 자기가 원하는 바를 이루기 위한 수단으로 하나님의 이름을 이용하는 것을 금했습니다. 또한 우리가 "기도해 보았는데 그것은 아니다"라는 식으로 자기 의견을 하나님의 뜻인 양 주장하는 것도 아주 조심해야 할 부분입니다. 성경 구절을 인용하는 것은 객관적인 해석을 검토할 여지라도 있지만, "기도해 보았는데……"는 지극히 주관적으로 흐를 수 있기 때문입니다.

구원의 이름

이 세상은 옛날부터 자기 이름을 내기 위해 혈안이 되어 있다고 할 수 있습니다. 이는 멸망과 심판이 예정된 바벨탑의 이름 내기와도 같습니다.

또 말하되 자, 성읍과 탑을 건설하여 그 탑 꼭대기를 하늘에 닿게 하여 **우리 이름**을 내고…… _창 11:4a

그러나 우리 예수님은 죄인들을 위해서 주님의 이름을 주셨습니다. 그 이름으로 우리를 멸망의 길에서 건져 내시고, 하나님의 백성 삼아 주신 것입니다.

> **내 이름으로 일컫는 내 백성**이 그들의 악한 길에서 떠나 스스로 낮추고 기도하여 내 얼굴을 찾으면 내가 하늘에서 듣고 그들의 죄를 사하고 그들의 땅을 고칠지라_대하 7:14

> 내가 **하나님의 아들의 이름을 믿는** 너희에게 이것을 쓰는 것은……
> _요일 5:13a

> 누구든지 **주의 이름**을 부르는 자는 구원을 받으리라_롬 10:13

주의 이름, 예수의 이름입니다

> 이러므로 하나님이 그를 지극히 높여 모든 이름 위에 뛰어난 이름을 주사_빌 2:9

고대 근동(the ancient Near East)에서 주종관계의 나라들은 왕의 이름과 분봉 왕의 이름으로 계약을 맺었습니다. 당시 작은 나라가 최강대국의 왕과 계약을 맺으면, 주위의 다른 나라가 그 왕의 이름 때문에 그 나라를 감히 건드리지 못했습니다. 우리 역시 왕 중의 왕이신 그 이름, 예수님의 이름, 구원의 이름으로 계약이 체결된 하나님의 백성입니다. 그이름 때문에 하나님이 우리를 지켜 주십니다. 그 이름 때문에 우리는 하나님의 보호를 받습니다.

우리도 누군가를 지인에게 보낼 때 "제 이름 대시면 잘 해 주실 겁니다" 하지 않습니까? 예수님, 왕의 이름을 대면 우리는 그 즉시 하나님의 보호 아래 거하게 됩니다. 하나님이 모세에게 "내 백성을 데리고 나와라"라고 명하시자 모세는 묻습니다. "누가 데리고 나오라 했냐고 물으면 뭐라고 할까요?" 그때 하나님께서 가르쳐 주신 하나님의 이름이 "나는 스스로 있는 자(I AM)"(출 3:14)입니다. 우리의 왕, 예수님이 말씀하십니다. 길을 찾고 있는 우리에게 말씀하십니다. "내가 곧 길이요(I AM the way)." 우리의 왕 예수님이 우리의 하나님이십니다. 계속해서 진리를 찾고 있는 우리에게 말씀하십니다. "내가 진리이다(I AM the truth)." 삶의 무료함 속에서 의미를 찾고 계십니까? 주님의 말씀을 들으십시오. "내가 생명이다(I AM the Life)"(요 14:6). 계속해서 우리의 하나님이요 I AM 이신 예수 그리스도가 외치는 말씀을 들으십시오.

내가 곧 생명의 떡이니라_요 6:48

나는 세상의 빛이니 나를 따르는 사는 어두움에 다니지 아니하고 생

명의 빛을 얻으리라_요 8:12

나는 스스로 온 것이 아니요 아버지께서 나를 보내신 것이니라_요 8:42

나는 양의 문이라_요 10:7

나는 선한 목자라_요 10:11

나는 부활이요 생명이니_요 11:25

내가 곧 길이요 진리요 생명이니_요 14:6

나는 포도나무요 너희는 가지라_요 15:5

다같이 찬송가 91장을 조용히 불러 봅시다. "슬픈 마음 있는 사람, 예수 이름 믿으면 영원토록 변함없는 기쁜 마음 얻으리. 예수의 이름은 세상의 소망이요, 예수님의 이름은 천국의 기쁨일세" 아멘!

적용 질문

1. 내 말이 맞다는 것을 나타내려고 "아니면 내 손에 장을 지진다" 라고 표현하는 경우가 있습니다. 내가 진실하거나 정당하다는 것을 주장하기 위하여 하나님의 이름을 이용한 경우가 있습니까?

....

....

....

2. 모세는 어떻게 해서 하나님의 이름을 알게 되었습니까? 하나님의 이름인 '여호와'는 무슨 뜻입니까(출 3:13~15)?

....

....

....

....

....

3. 누군가 자기 강아지를 내 이름으로 부른다면 기분이 어떨 것 같습니까? 그 사람이 나를 존경하고 사랑한다고 말하면 그것이 믿어지겠습니까?

....
....
....
....
....
....
....

4. 아론의 아들 나답과 아비후는 하나님의 명령을 하찮게 여겨서 하나님이 명령하지 않으신 다른 불로 제사드리다가 죽게 됩니다. 혹시 내가 농담처럼 생각하거나 가볍게 여기는 하나님의 명령이 있지는 않습니까(레 10:1~2)?

....
....
....
....
....

5. 하나님의 이름을 소중히 생각하는 자는 주의 이름을 나의 변명
   거리로 삼지 않습니다. 주의 이름을 높이기 위해 더 성실히 감
   당해야 할 나의 일은 무엇입니까?

....

....

....

....

....

....

6. 구원 받은 성도는 새 이름, 구원의 이름인 예수의 이름을 받
   은 자입니다. 우리가 얻게 된 예수의 이름을 찾아보면서 받은
   은혜를 나누어 봅시다(대하 7:14; 빌 2:9; 요 6:48; 8:12; 10:7, 11; 11:25;
   14:6; 15:5).

....

....

....

....

....

....

결론

제3계명은 하나님의 이름을 망령되게 부르는 것을 금합니다. 이 계명은 우리 하나님의 명예를 지키는 계명입니다. 하나님의 이름에는 하나님의 성품과 하나님의 역사가 담겨 있습니다. 하나님의 이름을 소중히 여기는 자는 하나님이 명하시는 것을 신중히 지킵니다. 하나님의 이름을 나의 변명거리로 삼지 않고 하나님의 명예를 위하여 자기 일을 더 성실히 합니다. 욕설과 함께 함부로 하나님의 이름을 부르지 않습니다. 내 이기적인 목적을 위해 하나님의 이름을 쓰지 않습니다. 하나님의 이름은 구원의 이름입니다. 우리는 그 이름으로 구원을 얻었고 하나님의 백성이 되었습니다. 만왕의 왕, 만주의 주이신 예수의 이름으로 주님의 보호를 받고 하나님의 날개 그늘 아래 거하게 되었습니다. 이 예수의 이름으로 세상의 소망과 천국의 기쁨을 누리시길 축원합니다.

제5장

축하

8안식일을 기억하여 거룩하게 지키라 9엿새 동안
은 힘써 네 모든 일을 행할 것이나 10일곱째 날은
네 하나님 여호와의 안식일인즉 너나 네 아들이나
네 딸이나 네 남종이나 네 여종이나 네 가축이나 네
문안에 머무는 객이라도 아무 일도 하지 말라 11이
는 엿새 동안에 나 여호와가 하늘과 땅과 바다와 그
가운데 모든 것을 만들고 일곱째 날에 쉬었음이라
그러므로 나 여호와가 안식일을 복되게 하여 그 날
을 거룩하게 하였느니라_출 20:8~11

가끔 차고 세일(garage sale, 자기 집 차고에서 하는 중고 물품 세일)을 하는 곳에 들러 진열된 물건들을 보면 헌 물건뿐 아니라 새것들도 종종 눈에 띌 때가 있습니다. 지인에게 선물로 받았는데, 어디에 쓸지 모르고 소중하게 가지고 있다가 결국 한 번도 써 보지 못하고 나오는 아이템들이 있지 않습니까? 그런데 그 물건이 꼭 필요했던 사람이 마침 그곳을 지나면 새 물건을 아주 값싸게 살 수 있는 기회가 됩니다. 오래된 그림이 진열되었는데, 지나가던 화가가 그것이 가치를 따질 수 없는 명작인 것을 알고 헐값에 사갔다는 얘기도 들었습니다.

저는 십계명 중 이번 네 번째 계명이 그와 같다는 생각을 지울 수 없습니다. 네 번째 계명은 '안식'에 대한 것인데, 열 가지 계명 중 가장 길고 자세히 주어진 말씀이며, 또한 성경에 언급된 계명 중 가장 오래된 것이라고 할 수 있습니다. 제4계명을 자세히 음미하며 읽어보면 '명령'이라는 느낌보다 '선물'이라는 인상을 더 강하게 받습니다. 마치 몇 년 전 크리스마스 때 아주 귀한 선물을 받았는데 그 가치를 모르고 옷장 속에 쳐 박아 놓았다가 차고 세일할 때 나온 물건처럼, 제4계명은 '명령'보다는 '선물'인데도 그 놀라운 선물을 제대로 즐기는 사람이 드문 것 같습니다.

이사야 선지자가 이런 말씀을 했습니다. 이스라엘이 나라를 잃고 추방되어 처절하게 밑바닥 생활을 할 때, 한 발자국만 내딛으면 새로운 활력을 넣어서 일으켜 줄 약속의 말씀, 계명이 있다고 했습니다. 지쳐

가는 우리 삶에 새로운 힘을 불어넣어 줄 한 가지 계명이 있다는 것입니다. 그것이 바로 안식일 계명입니다.

> 13만일 안식일에 네 발을 금하여 내 성일에 오락을 행하지 아니하고 안식일을 일컬어 즐거운 날이라, 여호와의 성일을 존귀한 날이라 하여 이를 존귀하게 여기고 네 길로 행하지 아니하며 네 오락을 구하지 아니하며 사사로운 말을 하지 아니하면 14**네가 여호와 안에서 즐거움을 얻을 것이라 내가 너를 땅의 높은 곳에 올리고 네 조상 야곱의 기업으로 기르리라 여호와의 입의 말씀이니라**_사 58:13~14

그럼에도 이 세상과 우리 문화는 이 거룩한 경계(boundaries)를 본능적으로 거부하고 있습니다. 실은 우리에게 너무나 필요한 선물인데, 선물의 가치를 모르고 '이것을 어디다 써?' 하며 어리둥절한 모습입니다. 매일 업무의 과부하로 과로하는 직장인, 집안 살림과 육아에 지쳐 있는 엄마들, 그러면서도 살림에 보태겠다고 투잡을 뛰는 부부들, 학교 다녀오면 해야 할 숙제와 과외활동으로 지쳐 있는 자녀들……. 게다가 주일에도 교회 식당 봉사나 주차 봉사 등을 하면서 안식을 누리기보다 지쳐 있는 것은 아닌지요? 목사들은 월요일에 쉬지만, 성도들은 주일까지 나와 봉사하고 월요일에는 다시 치열한 삶의 현장으로 나아가는데, 언제 쉰다는 말입니까?

이렇게 눈코 뜰 새 없이 돌아가는 세상에서 우리에게 쉼과 안식을 주는 제4계명은 아무리 생각해도 큰 선물 같습니다. 이 선물을 받은 우리는 기뻐하며 축하해야 하지 않을까요? 상상해 보십시오. 직장 때문에 한두 시간 거리에 떨어져 사는 아들이 집에 내려왔습니다. 엄마가 반가워하며 묻습니다. "오늘 어쩐 일이냐? 이 먼 데까지 내려와서 엄마에게 맛있는 거 사 주면서 식사를 같이 다 하고?" 아들이 대답합니다. "내일 쉬는 날이에요." 늘 회사 일로 바쁜 남편이 아이들에게 "나가 놀자" 하며 아이들을 데리고 집 앞 공원에 나갑니다. 아내가 묻습니다. "웬일이야?" "음, 내일 회사 안 가. 쉬는 날이야." 엄마가 아이들에게 묻습니다. "너희들 숙제도 안 하고 무슨 영화냐? 친구 집은 왜 놀러 가?" 아이들이 빙그레 웃으면서 말합니다. "내일 학교 안 가. 숙제도 없고." "내일은 스승의 날(teachers' day)이어서 쉬는 날이야." 얼마나 듣기 좋습니까?

제가 전도사로, 부목사로 섬기던 때에는 휴가가 없었습니다. 그리고 담임목사로 섬길 때도 한동안 휴가라는 것을 몰랐습니다. 그러다가 처음으로 휴가를 받아 아이들을 데리고 디즈니월드에 갔던 적이 있었습니다. 마침 회의도 올랜도(Orlando, Fl)에 있어서, 처음으로 가족 휴가를 정식으로 받아서 갔는데, 그때 아이들이 얼마나 좋아하고 행복해했는지 지금도 생생히 기억하고 있습니다.

그래서 오늘 말씀을 통해서 약 3,500년 전에 주신 제4계명의 본래 의도하는 바는 무엇이며, 그것이 지금 21세기를 사는 우리에게 어떤 의미가 있으며, 이 말씀에 순종하기 위해서는 구체적으로 어떻게 해야 하는지 생각해 보겠습니다.

기억하라 (Remember)

무엇을 기억하라는 걸까요?

10일곱째 날은 네 하나님 **여호와의 안식일인즉** 너나 네 아들이나 네 딸이나 네 남종이나 네 여종이나 네 가축이나 네 문안에 머무는 객이라도 **아무 일도 하지 말라 11a이는** 엿새 동안에 나 **여호와가** 하늘과 땅과 바다와 그 가운데 모든 것을 만들고 **일곱째 날에 쉬었음이라……**
_출 20:10~11a

6일 동안은 힘써 모든 일을 행하고, 일곱째 날에는 아무 일도 하지 말라 말씀하십니다. "이는" 하나님 여호와가 하늘과 땅과 모든 것을 만드시고 일곱째 날에 쉬었기 때문입니다.

하나님은 왜 일곱째 날에 쉬셨을까요? 일을 너무 많이 해서 피곤하셨을까요? 더 이상 일하기 싫어 꾀가 나셨나요? 즐리셨나요? 아닙니다! 하나님의 창조 작업이 '완성'되었기 때문입니다. 즉, 하나님이 쉬신 것은 완성의 의미를 갖습니다. 사업 준비가 끝나면 개업식을 하고, 건물을 다 지으면 완공식을 하고, 학위 과정을 마치면 졸업식을 하듯이, 화가가 그림을 다 그리면 화룡점정 같은 전시회를 하듯이, 하나님께서 '모든 것을 만들고' 쉬신 것은 완성을 축하(celebration)하는 의미를 갖습니다. 따라서 안식일 계명은 하나님께서 우리에게 이 날을 기억하라고 하시면서 우리를 이 축하 파티에 초대하시는 것입니다. 그러므로 아담과 하와가 가장 먼저 해야 할 '일'이 있다면 '일'이 아니라, '즐기는 것'이었습니다. 나무를 심는 일이 아니고 열매를 따는 즐거움을 누리라는 것이며, 하나님이 지으신 것을 보고 즐거워하며 축하하고 감사하는 것이었습니다.

웨스트민스터 소요리 문답의 첫 번째 질문은 "사람의 제일되는 목적이 무엇인가?"(What is the chief end of man?)입니다. 그 답은 이렇습니다. "사람의 제일되는 목적은 하나님을 영화롭게 하며, 영원토록 그를 즐거워하는 것이다"(Man's chief end is to glorify God and enjoy Him forever).

하나님을 즐거워하는 것, 하나님과의 관계를 엔조이(enjoy) 하는 것이 우리 인간의 제일 목적인데, 그 목적을 분명하게 보여 주는 계명이 안식일에 관한 제4계명이라 할 수 있습니다.

그럼 가장 잘 엔조이 하는 것이 무엇일까요? 안식일에 쉬라고 하시는 이유가 그분을 엔조이 하는 것이라면 우리는 무엇을 해야 할까요? 바로 예배입니다! 물을 엔조이 하려면 물에 뛰어 들어가야 하는 것처럼 하나님을 엔조이 한다는 것은 그분께 뛰어드는 것입니다. 예배에 뛰어드십시오. 찬양, 말씀, 기도에 "아멘!" 하며 뛰어드는 것입니다. 엔조이 하는 겁니다. 하나님을 예배하면서 하나님의 하나님 됨을 깊이 엔조이 하는 겁니다.

시간을 내라 (Set aside your time)

안식일 개념에는 '시간을 내라'는 의미가 있습니다. 일곱째 날에 쉬라고 하셨습니다. 하나님은 일곱째 날에 쉬시고, 또 다른 창조 작업은 하지 않으셨습니다. 안식일을 만드신 하나님은 우리에게 일주일 단위로 이날을 기억하여 쉬라고 하십니다. 주기적으로 규칙적인 시간을 내는 것이 아주 중요합니다. 우리를 하나님의 창조 작업 완성 파티에 초청하는 제4계명은 주기적으로 시간을 내어 즐기는 초청입니다.

미식축구는 일반 축구(soccer)와 다르게 헬멧을 쓰고 럭비공과 비슷한 길다란 공을 가지고서 마치 서부활극을 보듯 미국식 땅따먹기를 하는 풋볼(football) 경기입니다. 풋볼 경기의 묘미 중 하나가 '2 minute warning'인데, 이것은 경기 종료 2분을 남겨 놓고 경기 판세를 뒤집는 일입니다. 이 시간을 멈출 수 있는 기회는 남아 있는 작전 타임을 쓰는 것입니다. 전반, 후반 각각 3번의 작전 타임 기회가 주어집니다. 만약 마지막 2분 전까지 작전 타임을 쓰지 않았다면 시간을 3번 멈출 수 있습니다. 아니면 쿼터백이 던진 공을 잡고 사이드 라인으로 나가도 시계가 자동으로 멈춥니다. 주어진 4번의 기회에 10야드(yard)씩 전진하려고 시간 활용을 절묘하게 하면서 작전을 세우는 경기가 풋볼입니다.

기계 문명이 들어선 뒤 인간의 정복 역사는 곧 '공간 정복'의 역사라 할 수 있습니다. 또한 미식축구에서 땅을 차지하기 위해 시간을 활용하는 것처럼 정복의 역사는 곧 시간 활용의 역사라 할 수 있습니다. 그래서 "빨리 빨리"가 우리의 구호이고, 성공의 비결이며, 권력을 얻는 비결입니다. 더 많은 정보를 더 빠른 시간 안에 얻어 내야 합니다. 그러나 "시간을 내라"는 안식일 명령은 우리의 이러한 성공 구조, 승리를 얻는 시스템 자체를 부인합니다. 바빠 죽겠는데 쉽니다. 일 분 일 초를 다투는데 일하지 말랍니다. 시간을 내놓으라고 합니다. 우리에게 요구한 것일 뿐 아니라 가축에게도, 집안의 손님에게도 요구한 사항입니다. 우리 집에서 키우는 강아지도, 우리 집에 하숙하는 하숙생도 이 안식일을 지키라고 합니다. 이것이 요즘처럼 바쁜 시대에 가능한 일입니까? 바쁠 때는 빼고, 한가할 때만 지키면 어떨까요? 보통 일하는 시간대인 아침 9시부터 저녁 5시까지만 아니라, 24시간 여는 가게들도 생기기 시작합니다. 퇴근 못 하고 야근하고, 일하는 시간 뺏기지 않으려고 주중을 피해 주일을 끼고 이동하고, 밤시간 절약해서 red eye[1]를 타고 움

---

1) 출장갈 때 시간 절약을 위해서 밤새 타고 가는 비행기를 말한다.

직이는 바쁜 시대입니다. 그러니 "시간을 내라"는 명령은 바쁜 우리 사정을 고려해서 한가할 때만 지키면 어떨까요? 성경은 경제(economy)를 모르는군요! 눈 감으면 코 베어 가는 시기에 쉴 수 없습니다. 불가합니다! 이렇게 반응할 것입니다. 그런데 성경은 가장 바쁜 농번기에도 추수할 때든지, 모내기 때에도 안식일을 지키라 했습니다.

> 너는 엿새 동안 일하고 일곱째 날에는 쉴지니 **밭 갈 때에나 거둘 때에도 쉴지며**_출34:21

'시간은 돈이다'라고 말하는 시대에 과연 시간을 내라는 하나님의 초청은 어떤 의미가 있을까요?

이스라엘에서는 금요일 해가 지는 시간부터 안식일이 시작되는데, 집 안에 불을 켜면서 안식일이 시작됩니다. 온 세상이 "빛이 있으라"의 말씀으로 시작되었듯이 안식일의 빛이 사방을 비추면서 온 마을로, 가축들이 뛰놀며 풀을 뜯어 먹는 산과 들로, 물고기들이 헤엄치는 강과 바다로 번져 갑니다. 이 빛이 비추는 곳은 안식의 거룩한 시간에 들어갑니다. 모든 소산이 내 손에 달려 있다고 착각하며 뛰어다니던 분주함과 경쟁 한가운데 이 빛이 비춰서 생기가 회복되고 인간관계가 따뜻해지며 마음에 여유가 생기기 시작합니다. 인생이 우리가 투자한 시간과 노력에 달려 있는 것이 아니라, 우리를 지으신 하나님에게 달려 있음을 고백하는 '거룩의 시간'이 됩니다. "그 날을 거룩하게 하였느니라"(출 20:11)는 말씀처럼 우리 삶이 거룩의 경계로 넘어가면서 회복이 일어나고, 본연의 자리로 들어가기 시작합니다.

자녀들의 생일을 기억하고 축하해 줄 때 아이들의 웃음이 살아나듯이, 결혼기념일을 기억하고 축하할 때 혹여 소원(疏遠)했던 부부의 사랑이 회복되듯이, 안식일이라는 시간을 떼어 내는 것에는 놀라운 회복의 의미가 담겨 있습니다.

종교개혁가 존 칼빈은 이 부분을 설교하면서 "비록 안식일이 이 땅의 유익을 얻는 날은 아니지만 우리 주님께서 '너희는 먼저 그의 나라와 그의 의를 구하라 그리하면 이 모든 것을 너희에게 더하시리라'(마 6:33)고 약속하신 것처럼, (주일은) 우리의 진정한 필요를 채워 주시는 날"이라고 말했습니다.[2]

유대인들의 거부와 오해

그러나 이스라엘은 실질적으로 안식을 거부했습니다.

---

2) John Calvin's Sermons on The Ten Commandments, Edited and Translated by Benjamin W Farley, Baker Book, 1980, 124

전에 그들에게 이르시기를 이것이 너희 안식이요 이것이 너희 상쾌
함이니 너희는 곤비한 자에게 안식을 주라 하셨으나 그들이 듣지 아
니하였으므로_사 28:12

주 여호와 이스라엘의 거룩하신 이가 이같이 말씀하시되 너희가 돌
이켜 조용히 있어야 구원을 얻을 것이요(In repentance and rest is your sal-
vation, NIV) 잠잠하고 신뢰하여야 힘을 얻을 것이거늘 너희가 원하지
아니하고_사 30:15

유대인들은 안식을 거부했을 뿐 아니라 오해까지 했습니다. 안식
일에 "아무 일도 하지 말라"는 하나님의 계명을 사람의 39가지 규정들
(안식일에 금한 39가지 일과 행동들)로 만들어 버렸습니다. 그중에 이런 내용
들이 있습니다. 무화과 열매 말린 것을 하나 이상을 들고 다니면 일에
속하여 안식일을 범하는 것이 되었습니다. 또 아이는 안고 다닐 수 있
지만 아이가 과일을 들고 있으면 안식일을 범하는 경우가 되며, 안식
일에는 틀니를 낄 수도 없었습니다. 여자는 거울 보는 것이 금지됐는
데, 혹시 흰머리가 보이면 머리를 뽑아 안식일에 일을 하게 될까 봐 사
전 방지하는 것이었습니다. 무를 소금에 찍어 먹는 것은 괜찮지만 소금
에 오래 두지는 못하게 했는데, 단무지가 되면 일한 것이 되기 때문이
였습니다. 침을 한 번 손수건이나 바위에 뱉는 것은 허락되었지만 땅에

는 뱉지 못했는데, 그 이유는 누가 모르고 샌들로 침을 밟으면 땅을 경작하는 일이 되기 때문이었습니다.[3]

예수님의 안식일 해석

주님은 안식일에 대한 바리새인들의 오해를 다음과 같이 푸십니다. 안식일에 38년 된 병자를 고쳐 주신 후, 안식일에 일했다는 비난이 끓어오르자 이렇게 말씀하십니다.

> 16그러므로 안식일에 이러한 일을 행하신다 하여 유대인들이 예수를 박해하게 된지라 17예수께서 그들에게 이르시되 **내 아버지께서 이제까지 일하시니 나도 일한다** 하시매_요 5:16~17

또 주님은 안식일에 회당에 들어가셔서 한쪽 손 마른 사람이 있는 것을 보십니다. 예수님은 자신을 고발하려는 사람들에게 아래와 같이 말씀하시고 그 사람의 손을 고쳐 주십니다.

---

3) 참고. http://kccs.pe.kr/jewishcal9.htm

11예수께서 이르시되 너희 중에 어떤 사람이 양 한 마리가 있어 안식일에 구덩이에 빠졌으면 끌어내지 않겠느냐 12사람이 양보다 얼마나 더 귀하냐 그러므로 **안식일에 선을 행하는 것이 옳으니라** 하시고
_마 12:11~12

안식일에 한 바리새인 지도자 집에 방문하신 예수님은 그 앞에 수종병 든 한 사람이 있는 것을 보십니다. 이때 주님은 율법교사들과 바리새인들에게 안식일에 합당히 해야 할 일이 무엇인지 가르쳐 주십니다.

3예수께서 대답하여 율법교사들과 바리새인들에게 이르시되 **안식일에 병 고쳐 주는 것이 합당하냐** 아니하냐 4그들이 잠잠하거늘 예수께서 그 사람을 데려다가 고쳐 보내시고 5또 그들에게 이르시되 너희 중에 누가 그 아들이나 소가 우물에 빠졌으면 안식일에라도 곧 끌어내지 않겠느냐 하시니_눅 14:3~5

창조 작업의 완성에서 구원의 완성으로

안식일에 나타난 구원의 의미는 실로 젖과 꿀이 흐르는 새 땅에 늘어가는 이스라엘 백성에게 이미 밝히신 내용입니다.

너는 기억하라 네가 애굽 땅에서 종이 되었더니 네 하나님 여호와가 강한 손과 편 팔로 거기서 너를 인도하여 내었나니 그러므로 네 하나님 여호와가 네게 명령하여 안식일을 지키라 하느니라_신 5:15

신명기에서 안식의 의미가 창조 작업 완성인 '쉼'에서 '구원의 완성'을 기대하는 의미로 더 집약되었다고 할 수 있습니다. 신명기의 안식일은 400년의 노예살이에서 해방시켜 주신 하나님의 위대한 구원 작업이 완성될 것을 바라보고 있습니다.

구원의 작업을 성경에서는 재창조라고 부릅니다. 창조의 작업은 완성되었지만, 구원의 작업은 진행 중이라고 할 수 있습니다. 우리를 구원하시기 위해서 오신 예수님께서 십자가를 지시고, 구원을 이루신 부활의 날인 주일을 기념하여 초대교회 성도들은 자연스럽게 안식 후 첫날, 즉 지금의 주일에 모이기 시작했습니다.

그 **주간의 첫날**에 우리가 떡을 떼려 하여 모였더니……_행 20:7a

매주 첫날에 너희 각 사람이 수입에 따라 모아 두어서……_고전 16:2a

1세기 역사가인 요세푸스의 책에 보면 로마제국의 본도와 비두니아(Pontus/Bithynia, 현 튀르키예) 총독이었던 플리니(Pliny the Younger, A.D.111~113)

가 로마 황제 트라얀에게 그리스도인들을 이렇게 묘사했습니다.

주일 아침 해뜨기 전에 모여 그들의 하나님, 그리스도에게 찬송
하는 자들로서 해되는 일은 하지 않았으며 도둑, 날치기, 간음, 약
속 깨는 일은 하지 않는 자들입니다.[4]

상징성을 지키자

저는 성도들이 주일을 세상에 전하는 메시지로 상징화하면 좋겠
다는 생각을 합니다. 세상 친구들이 예수 믿는 친구들에게 주일에 만남
을 제안할 때가 있지 않습니까? 그때 "나는 그날 교회 가서 예배드려야
해"라고 말하는 것입니다. 그래서 예수 믿는 사람들과는 주일에 놀러
다니는 일, 동창회, 골프대회 등을 할 수 없다는 것을 메시지화시키자
는 것입니다.

---

4) https://www.pbs.org/wgbh/pages/frontline/shows/religion/maps/primary/pliny.html "On
a stated day, to meet together before it was light, and to sing a hymn to Christ, as to a god,
alternately; and to oblige themselves by a sacrament [or oath], not to do anything that was
ill: but that they would commit no theft, or pilfering, or adultery; that they would not break
their promises" From The Works of Josephus, translated by William Whiston Hendrickson
Publishers, 1987

어떻게 지키는가?

성도들의 주일이 세상에 메시지화될 때, 그 메시지의 내용이 더욱 중요합니다. 그렇다면 주일을 어떻게 지킬지를 몇 가지 제안하고 싶습니다.

8 만일 여호수아가 그들에게 안식을 주었더라면 그 후에 다른 날을 말씀하지 아니하셨으리라 9 그런즉 안식 할 때가 하나님의 백성에게 남아 있도다…… 11 그러므로 우리가 저 안식에 들어가기를 힘쓸지니 이는 누구든지 저 순종하지 아니하는 본에 빠지지 않게 하려 함이라_히 4:8~9, 11

저명한 목회자요, 신학자인 유진 피터슨(Eugene Peterson, 1932~2018)은 이 부분을 이렇게 해석합니다.

신명기에서 안식일을 지키는 것은 단순히 말하면 정당성에 대한 문제이다. 연약한 자가 강한 자에게 착취당하는 것으로부터, 어린 자식들을 부모로부터, 일꾼들을 고용주로부터, 말과 노쇠를 주인으로부터 지키는 것이다. 모든 자에게 안식일은 그들의 용도나 기능, 신분과 상관없이 건강한 인격을 회복하는 날로 주어졌으며,…… 적어도 일주일 중 하루는 안식일을 지킴으로써 서로의 증오심으로부터 보호 받고, 인간이 서로에게 가질 수 있는 감정적·육체적 질식 상황 및 자발적 사랑과 희생을 가로막는 벽을 안식일은 허물어 버린다.[5]

정말 큰 통찰력과 도전이 되는 적용이라고 생각합니다. 그러면 히브리서 말씀처럼 우리가 어떻게 안식에 들어가기를 힘써야 할지 몇 가지 제안을 드립니다.

첫째, 구원 완성의 의미로

일을 쉰다는 의미는 인정받기 위해서 애쓰는 노력으로부터 쉬고, 출세하여 높아지려는 욕심으로부터 쉬고, 살아남기 위해서 발버둥 치는 고생으로부터 쉬고, 목구멍이 포도청이라 할 수 없이 일한다는 좌절로부터 쉬는 것입니다. 이제는 자유한 쉼으로, 내 삶은 하나님이 책임지신다는 믿음으로 주일을 예배의 날로 지킵시다.

둘째, 예배의 날로 지키되 같이 공동체로 지키는 날로

예수님께서 십자가에서 "다 이루었다"고 하신 말씀은 단순히 한

---

5) Eugene H. Peterson, Christ Plays in Ten Thousand Places, Grand Rapids: Eerdmans, 2005, 256 (번역은 필자)

인생의 블루프린트 십계명

순간 십자가의 아픔을 마쳤다는 뜻이 아닙니다. 여기에는 훨씬 더 크고 깊은 의미가 있습니다. 아담의 타락 이후, 실낙원 했던 인간을 복낙원 하기까지 모든 세월의 무게를 이기고 완성하셨다는 말씀입니다. 구원이 이뤄진 날, 부활의 날, 주일, 초대교회 성도들이 누가 뭐라하지 않아도 자연스럽게 모여서 지켰던 거룩한 예배의 날, 오늘 우리의 구원이 온전히 이루어진 것을 감사하며 축하하는 날이 바로 주일예배입니다.

> 28수고하고 무거운 짐 진 자들아 다 내게로 오라 내가 너희를 쉬게 하리라 29나는 마음이 온유하고 겸손하니 나의 멍에를 메고 내게 배우라 그리하면 너희 마음이 쉼을 얻으리니_마 11:28~29

어렸을 적 불렀던 복음성가가 생각납니다. "이 날은 이 날은 주의 지으신 주의 날일세, 기뻐하고 기뻐하며 즐거워하세 즐거워하세. 이 날은 주의 날일세, 기뻐하고 즐거워하세. 이 날은 이 날은 주의 날일세." 맞습니다. 이 날은 주께서 복되게 하신 날이기에 건강의 축복, 쉼의 축복, 가정의 축복, 인간다움이 회복되는 축복, 웃음과 교제와 나눔의 축복을 누리는 날이 되도록 우리 모두 주일을 힘써 지킵시다.

가족이 지키고, 셀(소그룹) 식구들이 지키고,
온 교회 공동체가 지키자!

적용 질문

1. 차고 세일(garage sale) 또는 중고시장에서 아주 좋은 물건을 건진 적이 있습니까? 무엇이었나요?

....
....
....
....
....

2. 명령을 받는다는 것은 제한과 한계의 선을 긋는 느낌을 받습니다. 그러나 가장 오래된 계명이라 할 수 있는 안식일 계명은 어떤 느낌으로 받는 것이 맞을까요? 이사야 선지자 말씀을 참고로 생각해 봅시다(사 58:13~14).

....
....
....
....
....

3. 하나님은 안식일 계명을 통해 우리에게 하나님의 창조 작업이 완성된 것을 기억하라고 하십니다. 이것을 축하하는 파티에 동참하기 위하여 우리에게 시간을 내라고 하십니다. 나는 주님께 어떻게 시간을 드리고 있습니까(출 20:10~11; 34:21)?

....
....
....
....
....
....

4. 출애굽기가 창조 작업의 완성이라는 안식일의 의미를 알려 준다면 신명기는 안식일의 어떤 의미를 밝혀 주고 있습니까 (신 5:15)?

....
....
....
....
....
....

5. 예수님은 당시 안식일을 가장 잘 지킨다는 바리새인들에게 안식일에 무엇을 행하는 것이 옳은지 가르쳐 주십니다. 예수님처럼 한 사람을 살리고 고치기 위해 어떤 선을 행하겠습니까(요 5:16~17; 마 12:11~12; 눅 14:3~5)?

....
....
....
....
....
....

6. 우리 온 가족과 모든 셀 식구들이 적극적으로 주일예배를 지키기 위한 아이디어를 나누어 봅시다(마 11:28~29).

....
....
....
....
....
....
....

결론

안식일을 기억하여 거룩히 지키라는 제4계명은 명령이라기보다 선물이라고 할 수 있습니다. 제4계명을 통해서 우리는 하나님의 창조 작업이 완성된 것을 기억하게 됩니다. 하나님은 창조 작업의 완성 파티에 우리를 초대하시고 우리는 이를 축하합니다. 이 파티에서 우리는 하나님을 예배하고 즐거워함으로써 창조의 목적을 이루게 됩니다. 안식일을 통해 우리는 하나님께 시간을 내라는 초청을 받습니다. 하나님을 기억하고 하나님께 시간을 내어 드릴 때 우리의 시간은 거룩한 시간이 되고 우리 삶에 회복이 일어납니다. 예수님의 본을 따라 한 사람의 구원을 위해 일하는 것이 안식일을 가장 잘 지키는 것입니다. 욕심과 근심으로부터 떠나 믿음과 자유함으로 주일을 힘써 지킴으로 세상에 복음을 메시지화 하며 하나님의 축복을 맘껏 전하고 누리기를 소망합니다.

제6장

설 득

네 부모를 공경하라 그리하면 네 하나님 여호와가

네게 준 땅에서 네 생명이 길리라_출 20:12

법은 왜 만든 것일까요? 진화론자들에 의하면 실용적인 필요 때문이라고 합니다. 부모 공경이라는 율법도 결국 필요성과 실용성에 그 정당성을 두는 것입니다.

미국인들의 성을 보면 Smith, Taylor, Baker 등 부모의 직업을 알 수 있는 이름이 많습니다. 부모의 기업을 물려받아야 하는 자식들은 반드시 부모의 말씀을 들어야 기업의 노하우, 혹은 비법을 배우게 됩니다. 우리 식으로 얘기하자면 냉면 집을 물려받는 아들은 아버지로부터 냉면 육수의 비법을 전수 받아야 하는 것과 비슷합니다. 바로 이런 생계를 위한 실용적인 필요 때문에 부모 공경의 계명이 생겨났다고 주장하는 것입니다.

그러나 오늘 십계명은 그런 실용적인 가치 때문에 부모를 공경하라고 명하는 것이 아닙니다. 오히려 신앙적 가치의 연계성과 대물림 때문에 이 명령이 주어진 것입니다. 에베소서 말씀을 살펴보겠습니다.

자녀들아 주 안에서 너희 부모에게 순종하라 **이것이 옳으니라**_엡 6:1

옳기 때문에 주어진 명령이지, 비법 전수를 위한 실용적 가치 때문에 생겨난 법칙이 아닙니다.

왜 옳은가?

첫째, 부모를 통해 신앙 교육을 해야 하기 때문입니다.

부모의 말씀에 순종하지 않으면 안 되는 신앙적·성경적 이유가 있습니다. 바로 하나님께서 부모에게 자녀의 신앙 교육을 맡겨 주셨기 때문입니다.

6오늘 내가 네게 명하는 이 말씀을 너는 마음에 새기고 7네 자녀에게 부지런히 가르치며 집에 앉았을 때에든지 길을 갈 때에든지 누워 있을 때에든지 일어날 때에든지 이 말씀을 강론할 것이며_신 6:6~7

부모와 자녀의 관계가 혈육 관계를 넘어 하나님의 말씀을 가르치고, 그 말씀의 가르침을 받는 관계로 나아가야 한다는 것입니다. 왜 자녀들이 부모의 말씀에 순종하고 부모를 공경해야 합니까? 그래야 대장장이 일을 배우고, 양복 만드는 일을 배우고, 냉면 육수 비법을 배우는 실용적인 이유 때문만이 아니라 부모로부터, 어쩌면 부모를 통하지 않으면 하나님을 배울 수 있는 기회를 놓칠 수 있기 때문입니다.

7a여호와를 경외하는 것이 지식의 근본이거늘…… 0내 아들아 네 아미의 훈계를 들으며 네 어미의 법을 떠나지 말라_잠 1:7a~8

1내 아들아 나의 법을 잊어버리지 말고 네 마음으로 나의 명령을 지키라 2그리하면 그것이 네가 장수하여 많은 해를 누리게 하며 평강을 더하게 하리라_잠 3:1~2

사도 바울이 디모데와 디도 그리고 오네시모를 '아들'이라고 칭하는 이유도 그가 그들을 복음으로 낳았고 신앙적 교훈으로 길렀기 때문입니다.

14b⋯⋯ 오직 너희를 내 사랑하는 **자녀 같이** 권하려 하는 것이라 15그리스도 안에서 일만 스승이 있으되 아버지는 많지 아니하니 그리스도 예수 안에서 내가 복음으로써 너희를 낳았음이라_고전 4:14b~15

이로 말미암아 내가 주 안에서 내 사랑하고 **신실한 아들** 디모데를 너희에게 보내었으니 그가 너희로 하여금 그리스도 예수 안에서 나의 행사 곧 내가 각처 각 교회에서 가르치는 것을 생각나게 하리라 _고전 4:17

믿음 안에서 **참 아들** 된 디모데에게 편지하노니⋯⋯_딤전 1:2a

같은 믿음을 따라 나의 **참 아들** 된 디도에게 편지하노니⋯⋯_딛1:4a

갇힌 중에서 낳은 아들 오네시모를 위하여 네게 간구하노라_몬 1:10

우리 속담에도 '먼 사촌보다 가까운 이웃이 낫다'는 말이 있듯이 예수님은 가족의 개념을 새롭게 정의해 주십니다.

46예수께서 무리에게 말씀하실 때에 그의 어머니와 동생들이 예수께 말하려고 밖에 섰더니 47한 사람이 예수께 여짜오되 보소서 당신의 어머니와 동생들이 당신께 말하려고 밖에 서 있나이다 하니 48말하던 사람에게 대답하여 이르시되 **누가 내 어머니이며 내 동생들이냐** 하시고 49손을 내밀어 제자들을 가리켜 이르시되 나의 어머니와 나의 동생들을 보라 50누구든지 **하늘에 계신 내 아버지의 뜻대로 하는 자가 내 형제요 자매요 어머니이니라** 하시더라_마 12:46~50

둘째, 진정한 자유를 누리는 방법이기 때문입니다.

부모가 자녀에게 말씀을 부지런히 가르치면 자연스레 아이들이 부모에게 질문을 던질 것입니다. 그때 부모는 분명히 대답해 줄 수 있습니다. 신명기의 말씀은 부모가 정확하게 자녀에게 전해 줄 메시지를 알려 줍니다. 바로 자유와 그 자유를 누리는 것입니다.

20후일에 네 아들이 네게 묻기를 우리 하나님 여호와께서 명령하신 증거와 규례와 법도가 무슨 뜻이냐 하거든 21너는 네 아들에게 이르기를 우리가 옛적에 애굽에서 바로의 종이 되었더니 여호와께서 권능의 손으로 **우리를 애굽에서 인도하여 내셨나니**_신 6:20~21

여호와께서 우리에게 이 모든 규례를 지키라 명령하셨으니 이는 우리가 우리 하나님 여호와를 경외하여 항상 **복을 누리게 하기 위하심이며** 또 여호와께서 우리를 오늘과 같이 살게 하려 하심이라_신 6:24

노예로 살던 우리에게 하나님이 자유(liberation)를 주셨고, 이제 이 말씀으로 자유를 누리도록(staying liberated), 자유를 계속 유지하며 평안과 안녕을 지켜 가도록 이 계명을 주셨다는 것입니다. 본서 제1장 〈율법의 축복〉에서 이미 말씀드린 것과 같은 맥락입니다.

약속이 있는 첫 계명

부모 공경의 계명은 유일하게 '약속'이 있는 계명입니다. 아주 구체적으로 약속을 소개하고 있습니다. 다른 계명과는 달리 조건을 제시합니다.

…… **그리하면** 네 하나님 여호와가 네게 준 땅에서 **네 생명이 길리라**

_출 20:12b

에베소서는 제5계명을 "약속이 있는 첫 계명"이라는 별명으로 부릅니다.

> 1자녀들아 주 안에서 너희 부모에게 순종하라 이것이 옳으니라 2네 아버지와 어머니를 공경하라 이것은 약속이 있는 첫 계명이니 3이로써 **네가 잘되고 땅에서 장수하리라** _엡 6:1~3

다른 계명들이 주어질 때는 '순종하거나 죽거나', 'do or die' 식의 느낌이라면, 제5계명은 하나님이 우리를 '설득'하신다는 느낌이 듭니다. 왜냐하면, 바울도 에베소서에서 말했듯이 부모를 공경하라는 계명은 처음으로 하나님이 약속을 부언하신(attached) 명령이기 때문입니다. 모든 명령들이 그렇지만, 설득작업을 거의 하지 않습니다. 군대에서 "돌격 앞으로(charge)!"라는 명령을 내리는데, 돌격해야 하는 이유와 타당성을 그 시간에 설명할 필요가 없습니다. 목숨 걸고 돌격하든지, 불복종해서 군법회의에 회부되든지 둘 중 하나입니다. 그런데 제5계명은 약속을 부언했습니다. "**그리하면…… 네 생명이 길리라**", "**네가 잘되고 땅에서 상수하리라**" 한 것입니다. 하나님이 왜 이렇게까지 (치사하게 느껴질 정도로)

설득작업을 하실까 곰곰이 생각해 보았습니다. 그것은 우리가 부모 공경을 지독히 하지 않는 반항아이기 때문은 아닐까 합니다. 성경은 곳곳에서 반복적으로 부모 공경을 강조하고 있습니다.

> 너희 각 사람은 부모를 경외하고 나의 안식일을 지키라 나는 너희의 하나님 여호와이니라_레 19:3

특별히 나이 드신 부모님을 경히 여기지 말라 경고합니다.

> 너를 낳은 아비에게 청종하고 네 늙은 어미를 경히 여기지 말지니라 _잠 23:22

성경의 교리를 체계적으로 선포하고 교육시킬 목적으로 작성된 17세기 영국 장로교회의 신앙문답서인 웨스트민스터 요리문답은 제5계명을 이렇게 설명합니다.

제64문. 제5계명에서 명하는 것은 무엇인가?
답: 제5계명이 명하는 것은 각 사람이 속한 자신의 지위와 인류 관계에서 상하와 평등을 따라 높일 자를 높이고 자신의 의무를 다하라는 것이다.

부모 공경이라는 원칙의 적용은 모든 인륜 관계에서 상하 평등에 따라 높일 자를 높이는 데 있다고 말하고 있습니다. 이것은 부모의 권위 및 **모든 권위는 하나님으로부터 왔다는 전제**에서 나온 계명입니다.

　사람은 힘 있는 자에게 순종합니다. 때론 순종이라기보다 굴종이라 할 수 있습니다. 탱크는 힘이 있습니다. 탱크가 밀고 가는데 누가 막겠습니까? 그러나 나이 든 사령관은 탱크가 가진 화력이나 마력(horse power)은 없지만, 탱크를 세울 수 있는 권위와 권세가 있습니다. 바로 이러한 차원에서 부모 공경의 명령이 주어진 것입니다. 부모가 나이 들면 힘이 없어집니다. 자식 눈에 부모님이 옛날같이 멋있고, 돈 잘 벌고, 힘 있어 보이지 않습니다. 그러나 본문 말씀은 부모에게는 하나님이 주신 권위가 있기에 부모를 공경할 것을 가르쳐 줍니다. 탱크가 힘이 있어도 사령관의 명령을 무시하고 갈 수 없듯이 자녀들은 부모가 약하고 인격적인 면에서 부족해도 그 권위는 여전하기에 부모를 '공경'해야 한다는 것입니다.

　요즘의 병폐로 부모들이 돈을 놓으려고 하지 않는 것을 들 수 있습니다. 부모가 힘이 약해지면 부모의 권위도 없어진다고 생각합니다. 그러기에 재력이라도 있어야 자식들이 부모를 인정해 준다고 믿습니다. 이것이 병든 사회의 한 단면입니다. 부모는 사탕처럼 단물만 빨고 싱거워지면 내뱉는 존재가 아닙니다.

공경하라

히브리어 '공경하다'(kabed)에는 '무겁다'라는 의미가 있는데, 부모님의 권위를 무겁게, 실감 있게 여기라는 것입니다. 이 명령을 어길 시 처벌 또한 엄중합니다.

22너를 낳은 아비에게 청종하고 네 늙은 어미를 경히 여기지 말지니라……25부모를 즐겁게 하며 너를 낳은 어미를 기쁘게 하라
_잠 23:22, 25

자기의 아버지나 어머니를 저주하는 자는 **반드시 죽일지니라**_출 21:17

만일 누구든지 자기의 아버지나 어머니를 저주하는 자는 **반드시 죽일지니** 그가 자기의 아버지나 어머니를 저주하였은즉 그의 피가 자기에게로 돌아가리라_레 20:9

자기의 아비나 어미를 저주하는 자는 **그의 등불이 흑암 중에 꺼짐을 당하리라**_잠 20:20

부모를 저주하는 것은 부모에 대한 욕이나 인격 모독적인 언어와

행동을 말합니다. 네덜란드 신학자 다우마(Michael J. Douma)는 '저주한다'를 요즘 식으로 해석하면 '부모에게 혀를 내밀며 메롱 하는 것과 같다'고 했습니다.[1]

이럴 때 가끔 자녀들이 미워 보인다

인터넷 한 기관에서 자녀들이 언제 미워 보이는지 부모에게 설문조사를 했습니다. 전국 부모 1,308명을 대상으로 조사한 결과 486명(37.2%)이 자녀들이 **'거짓말할 때'** 가끔 미워 보인다고 답했고, 뒤이어 '말 안 듣고 대들 때'라고 477명(36.5%)이 응답했고, '공부, 취직, 일을 제대로 안 하고 빈둥거릴 때'라고 155명(11.9%)이, '부모님보다 이성친구나 배우자를 더 생각할 때'라고 78명(6.0%)이, '집에 늦게 들어올 때'와 '다른 부모와 비교할 때'라고 각각 53명(4.1%), 51명(3.9%)이 응답했습니다. 또 '알면서도 속아 주는 자녀들의 거짓말'에는 '커서 효도할게요'가 590명(45.1%)의 압도적인 지지로 1위를 차지했습니다. 더불어 '결혼하고 꼭 부모님 모시고 살게요'(18.4%), '오늘 일찍 들어 갈게요'(11.2%), '참고서 사게, 학원 등록하게 돈 주세요'(8.8%), '성적표 아직 안 나왔어요,

---

1) J. Douma, The Ten Commandments, R&R 1996, 172-173

보너스 안 나왔어요'(5.4%), '지금 도서관이에요, 지금 회사에서 야근해요'(4.1%)라는 자녀들의 말이 거짓말인 걸 알지만 모르는 척 속아 준다고 대답했습니다. 한편 자녀에게 가장 미안할 때를 묻는 설문엔 '경제적인 문제로 자녀가 하고 싶은 것을 다 못해 줄 때'가 응답자 중 절반이 넘는 62.8%(821명)로 조사되었습니다.

이것만 보아도 자녀를 향한 부모의 사랑은 짝사랑 같다는 생각을 해 봅니다. 자녀 된 우리들이 정말로 회개해야 합니다.

약속: 네 생명이 길리라

이런 우리에게 축복 받는 길을 약속해 주시면서 제발 부모를 공경하라고 설득하며 애원하는 말씀이 우리 맘을 강하게 두드리고 있지 않습니까?

······그리하면 네 하나님 여호와가 네게 준 땅에서 네 생명이 길리라
_출 20:12b

물론 부모를 공경하면 문자적인 의미로 100%, 100세까지 산다고 이야기할 수 없습니다. 삶의 질(the quality of life)이 삶의 길이(the length of life)와 꼭 비례한다고 할 수 없습니다. 또한 길게 사는 것이 꼭 축복만은 아니라는 것을 우리는 경험적으로 압니다. 야곱은 130살까지 오래 살았지만 자기 생을 일컬어 '험악한 세월'을 살았다고 말했습니다(창 47:9).

그러나 부모의 교훈과 말씀의 양육을 순종하는 길에 평안과 축복이 있다는 것은 분명합니다. 좋은 친구를 사귀라는 것, 음식을 골고루 먹으라는 것, 길 건널 때 조심하라는 것, 음주운전 하지 말라는 것, 술 담배 안 하고, 마약하지 말라는 것, 일찍 자고 일찍 일어나는 습관을 가지라는 것, 주일예배를 힘써 지키고, 십일조 하라는 것, 교회에서 말씀 훈련을 받으면서 믿음을 키우라는 것, 늘 예배당 앞자리에 앉아 예배드리라는 것, 말씀의 사역자들을 잘 섬기고 존경하라는 것, 결혼 전까지 순결을 지키라는 것, 배우자를 정할 때 믿음과 인내심을 검증하라는 것 등 부모의 말씀에 순종하는 것이 '네 생명이 길리라'는 약속의 결과로 나타날 것이며 그 삶 또한 당연히 평안할 줄 믿습니다. 성경은 이 점들을 반복적으로 우리에게 가르쳐 주고 있습니다.

1내 아들아 나의 법을 잊어버리지 말고 네 마음으로 나의 명령을 지키라…… 16그의 오른손에는 장수가 있고 그의 왼손에는 부귀가 있나니_잠 3:1, 16

10내 아들아 악한 자가 너를 꾈지라도 따르지 말라 11그들이 네게 말하기를 우리와 함께 가자 우리가 가만히 엎드렸다가 사람의 피를 흘리자 죄 없는 자를 까닭 없이 숨어 기다리다가 12스올 같이 그들을 산 채로 삼키며 무덤에 내려가는 자들 같이 통으로 삼키자…… 14너는 우리와 함께 제비를 뽑고 우리가 함께 전대 하나만 두자 할지라도 15내 아들아 그들과 함께 길에 다니지 말라 네 발을 금하여 그 길을 밟지 말라 16대저 그 발은 악으로 달려가며 피를 흘리는 데 빠름이니라_잠 1:10~12, 14~16

그는 훈계를 받지 아니함으로 말미암아 죽겠고 심히 미련함으로 말미암아 혼미하게 되느니라_잠 5:23

그러므로 그의 재앙이 갑자기 내려 당장에 멸망하여 살릴 길이 없으리라_잠 6:15

자녀를 향한 부모 사랑을 잘 표현한 시 한 편을 소개합니다.

눈사람 부모님

날마다 자식들이 보고 싶어
한숨 쉬는 어머니

그리움을 표현 못 해
헛기침만 하는 아버지

이 땅의 아버지 어머니들은
하얀 눈사람으로 서 계시네요

아무 조건 없이 지순한 사랑
때로 자식들에게 상처 입어도

괜찮다 괜찮다 오히려 감싸안으며
하늘을 보시네요

우리의 첫사랑인 어머니
마지막 사랑인 아버지

늘 핑계 많고 비겁하고
잘못 많은 우리지만

녹지 않는 사랑의 눈사람으로
오래오래 우리 곁에 계셔주세요!

정말 아버지의 말씀을 받기가 힘들었던 한 분이 계셨습니다. 너무 억울하고, 말도 안 되는 것이었습니다. 그래서 감람산에 가서 땀방울이 핏방울 되기까지 기도하시기까지 합니다. "아버지, 할 수만 있으면 이 고난의 잔을 내게서 거두어 주십시오"(마 26:39, 현대인의성경). 아버지의 말씀은 정말 순종하기 힘든 것이었습니다. 그러나 그분은 이렇게 기도합니다.

······ 이 잔을 내게서 옮기시옵소서 그러나 내 원대로 마시옵고 아버지의 원대로 되기를 원하나이다······_눅 22:42

우리 가정을 세우는 인생의 블루프린트, 잊혀진 지혜를 다시 한번 새기며 부모 공경에 대한 결단과 순종이 있기를 바랍니다.

적용 질문

1. 부모님의 생신이나 결혼기념일과 관련된 에피소드가 있습니까? 부모님께서 남기셨던 유언이나 당부하신 말씀이 있다면 나누어 봅시다.

....
....
....
....
....

2. 옛날 부모의 직업이 나의 직업으로 대물림 되던 때는 실용적인 면에서 부모의 말씀에 순종하고 부모를 공경해야 했습니다. 반면 성경은 우리에게 왜 부모를 공경하라고 할까요(엡 6:1; 신 6:6~7; 잠 1:7~8; 3:1~2; 고전 4:14~16)?

....
....
....
....

3. 자녀들에게 신앙 교육을 어떻게 시키고 있습니까? 내가 예수님을 만나 얻은 자유와 말씀을 통해 누리게 된 복을 나누고 있습니까(신 6:20~24)?

....
....
....
....
....

4. 성경은 나이 든 부모를 경히 여기지 말라고 경고합니다. 예수님도 사람의 전통으로 제5계명을 폐하는 것을 엄중히 책망하십니다. 부모가 연약하고 부족해도 부모에게 하나님이 주신 권위가 있다는 것을 믿습니까(참고. 잠 23:22, 25; 마 15:3~6; 웨스트민스터 소요리 문답 65, 66문)?

....
....
....
....
....
....

5. 부모 공경에는 부모를 무겁게 섬기라는 뜻이 있습니다. 부모의 가르침을 존중하며 말씀의 양육에 순종하라는 뜻입니다. 구체적으로 부모의 가르침을 따르고 있는 것은 무엇입니까? 부모를 공경하며 그 가르침에 순종했을 때 하나님께서 베푸신 축복은 무엇입니까(잠 1:10~16; 출 21:17, 레 20:9; 눅 22:42)?

....

....

....

....

....

....

....

....

....

....

....

....

....

....

결론

하나님이 우리에게 주신 부모 공경의 계명은 이것이 주 안에서 옳기 때문에 주어진 명령입니다. 하나님은 부모에게 자녀의 신앙 교육을 맡기셨습니다. 부모에게는 자녀를 복음으로 낳고 믿음으로 양육할 책임이 있기에 자녀는 부모의 훈계를 들으며 그 명령을 지켜야 합니다. 이스라엘 백성이 자녀에게 출애굽 이야기와 하나님의 규례를 전했듯이 우리도 예수님을 통해 얻은 자유와 이 자유를 누리게 해 주는 말씀을 자녀에게 전해야 합니다. 제5계명은 유일하게 약속이 있는 계명입니다. 우리는 생명과 축복으로 부모 공경을 설득하시는 하나님의 간절한 마음을 깨달아야 합니다. 부모의 권위는 하나님이 주신 권위이기에 우리는 부모의 권위를 무겁게 여겨야 합니다. 아버지의 권위를 무겁게 여기며 아버지의 말씀을 죽기까지 순종하셨던 예수 그리스도를 따라서 우리도 부모를 공경하고 주 안에서 순종하기를 바랍니다.

제7장

형 상

살인하지 말라_ 출 20:13

'살인하지 말라'의 히브리어는 לֹא תִרְצָח[lo tirtzach]입니다. 아주 간단 명료한 계명입니다. 여기에 무슨 설명이나 살을 붙일 필요가 없습니다. 그런데 명령 자체가 간단하면서도 엄중하게 주어져서 그런지 그에 따른 많은 이슈도 있습니다. '사형제도가 성경적인가? 안락사는 믿는 자도 허락해야 하는가? 전쟁 중에 살인은 가능한가?' 이런 이슈들이 오늘 본문에서 파생된 이슈라고 할 수 있습니다. 여기에 '살인'에 해당하는 동사 원형인 [ratzach]는 구약에서 약 40번 사용되었는데 그 예들을 살펴봅시다.

> 12 사람을 **쳐죽인 자**는 반드시 죽일 것이나 13 만일 사람이 고의적으로 한 것이 아니라 나 하나님이 사람을 그의 손에 넘긴 것이면 내가 그를 위하여 한 곳을 정하리니 그 사람이 그리로 도망할 것이며 14 사람이 그의 이웃을 고의로 죽였으면 너는 그를 내 제단에서라도 잡아내려 죽일지니라_출 21:12~14

의도하지 않고 우발적인 실수로 사람을 죽인 경우는 도피성으로 피하게 했습니다.

가령 사람이 그 이웃과 함께 벌목하러 삼림에 들어가서 손에 도끼를 들고 벌목하려고 찍을 때에 도끼가 자루에서 빠져 그의 이웃을 맞춰

그를 죽게 함과 같은 것이라 이런 사람은 그 성읍 중 하나로 도피하여 생명을 보존할 것이니라_신 19:5

또한 전쟁을 치르거나 정당방위인 경우, '살인죄'가 적용되지 않습니다.

…… 사울이 죽인 자는 천천이요 다윗은 만만이로다……_삼상 18:7b

도둑이 뚫고 들어오는 것을 보고 그를 쳐죽이면 피 흘린 죄가 없으나_출 22:2

또한 희생제물을 드리기 위해서 짐승을 잡는 것 역시 '살인죄'에 속하지 않습니다.

모든 산 동물은 너희의 먹을 것이 될지라 채소 같이 내가 이것을 다 너희에게 주노라_창 9:3

그러나 본문에서 금한 살인은 의도적이고 계획적인 살인을 말합니다.

살인을 금한 이유

부모를 공경해야 하는 이유는 그것이 옳기 때문이라고 했습니다 (엡 6:1). 그렇다면 살인은 왜 하지 말아야 할까요?

다른 사람의 피를 흘리면 그 사람의 피도 흘릴 것이니 이는 **하나님이 자기 형상대로 사람을 지으셨음이니라**_창 9:6

피를 흘리게 한 것은 핏값으로 갚게 하십니다. 사람은 하나님의 형상대로 지음을 받았기에 하나님의 형상을 손상시키는 살인은 죽음으로 갚게 하십니다.

대표적인 형상은 얼굴일 것입니다. 얼굴에 침을 뱉는다든지, 뺨을 때리는 것이 얼마나 모독적인 행위입니까? 그처럼 살인도 하나님의 얼굴에 침을 뱉는 것과 다름없고 하나님의 따귀를 때리는 것과 일반입니다. 그래서 살인죄는 죽음으로 다스립니다. 당연히 우리 성도들은 칼로 사람을 죽인 적은 없을 것입니다. 그래서 이 계명으로부터 자유롭다고 생각할지 모르겠습니다. 그러나 예수님은 이 말씀을 이렇게 해석하십니다.

예수님의 해석

21옛 사람에게 말한 바 살인하지 말라 누구든지 살인하면 심판을 받게 되리라 하였다는 것을 너희가 들었으나 22나는 너희에게 이르노니 형제에게 노하는 자마다 심판을 받게 되고 형제를 대하여 라가라 하는 자는 공회에 잡혀가게 되고 미련한 놈이라 하는 자는 지옥 불에 들어가게 되리라_마 5:21~22

여기서 "옛 사람에게 말한 바"란 당연히 십계명을 의미합니다. 예수님은 '살인'하면 심판을 받게 된다는 것을 너희가 들었지만, 너희는 그 계명을 심각하게 생각하지 않는 것 같다고 하시면서 살인죄에 해당되는 죄들을 열거하십니다. 인격을 모독하고, 말로 사람을 저주하며, 표정과 눈빛으로 분노를 쏟아 내는 것도 살인과 같다고 하십니다. 칼로 사람을 죽이지 않았기 때문에 이 계명이 나와 상관없는 것이 아닙니다. 우리는 제6계명을 이 시대에 어떻게 지켜야 할지 고민해야 합니다. 제6계명을 지키는 것은 곧 우리 자신을 지키는 것입니다.

첫째, 부주의(Negligence)로부터 보호합니다.

가끔 인명피해가 난 사건을 보면, 자연재해가 아니라 인재(人災)라는 말을 많이 합니다. 즉, 부주의로 인해 남을 죽음에 이르게 하는 과실

치사죄를 말합니다. 성경은 이를 엄히 금하고 있습니다.

> 네가 새 집을 지을 때에 **지붕에 난간을 만들어 사람이 떨어지지 않게 하라** 그 피가 네 집에 돌아갈까 하노라_신 22:8

> 33사람이 구덩이를 열어두거나 구덩이를 파고 덮지 아니하므로 소나 나귀가 거기에 빠지면 34그 구덩이 주인이 잘 보상하여 짐승의 임자에게 돈을 줄 것이요 죽은 것은 그가 차지할 것이니라_출 21:33~34

가축으로 인해 인명피해가 난다면 가축에게도 그 핏값을 치르게 하고, 가축의 소유주 역시 그에 대한 책임을 져야 했습니다.

> 28소가 남자나 여자를 받아서 죽이면 그 소는 반드시 돌로 쳐서 죽일 것이요 그 고기는 먹지 말 것이며 임자는 형벌을 면하려니와 29소가 본래 받는 버릇이 있고 그 임자는 그로 말미암아 경고를 받았으되 단속하지 아니하여 남녀를 막론하고 받아 죽이면 그 소는 돌로 쳐죽일 것이고 임자도 죽일 것이며_출 21:28~29

둘째, 분노로부터 보호합니다.

성경은 형제를 향해 화를 내는 자에게 경고합니다. 악의를 가지고 형제를 해치고자 하는 지속적인 분노가 살인과 같다고 합니다. 남을 미워하고 억울하게 하는 것은 그 사람의 피를 흘리는 살인죄라고 주님이 말씀하십니다.

> 나는 너희에게 이르노니 형제에게 노하는 자마다 심판을 받게 되고…… _마 5:22

> 그 형제를 미워하는 자마다 살인하는 자니 살인하는 자마다 영생이 그 속에 거하지 아니하는 것을 너희가 아는 바라 _요일 3:15

> 26분을 내어도 죄를 짓지 말며 해가 지도록 분을 품지 말고 27마귀에게 틈을 주지 말라 _엡 4:26~27

셋째, 폭력으로부터 보호합니다.

> …… 형제를 대하여 라가(you're good for nothing)라 하는 자는 공회에 잡혀가게 되고 미련한 놈이라 하는 자는 지옥 불에 들어가게 되리라 _마 5:22b

'라가'라고 형제에게 욕을 내뱉는 자는 엄히 다스리겠다 말씀하십니다. 욕하는 사람을 보고 입이 거칠다고 표현하는데, 예수님은 그것을 '살인'이라고 하십니다. 인류 역사상 최초의 살인 사건은 동생 아벨을 향한 형 가인의 시기에서 시작했습니다. 시기와 질투가 끔찍한 폭력으로 확대되어 살인까지 저지른 것이었습니다. 이후 사람의 시기와 질투, 분노와 폭력은 가인의 5대손인 라멕에게 이르러 더 심해집니다.

> 4b······여호와께서 아벨과 그의 제물은 받으셨으나 5가인과 그의 제물은 받지 아니하신지라 가인이 몹시 분하여 안색이 변하니······8 가인이 그의 아우 아벨에게 말하고 그들이 들에 있을 때에 가인이 그의 아우 아벨을 쳐죽이니라_창 4:4b~5, 8

> 23라멕이 아내들에게 이르되 아다와 씰라여 내 목소리를 들으라 라멕의 아내들이여 내 말을 들으라 나의 상처로 말미암아 내가 사람을 죽였고 나의 상함으로 말미암아 소년을 죽였도다 24가인을 위하여는 벌이 칠 배일진대 라멕을 위하여는 벌이 칠십칠 배이리로다 하였더라_창 4:23~24

대홍수 심판으로 사람들의 생명을 지면에서 쓸어버리신 하나님께서 우리가 생명을 경히 생각하지 않도록 주신 말씀이 창세기 9장입니다.

> 5내가 반드시 너희의 피 곧 너희의 생명의 피를 찾으리니 짐승이면 그 짐승에게서, 사람이나 사람의 형제면 그에게서 그의 생명을 찾으리라 6다른 사람의 피를 흘리면 그 사람의 피도 흘릴 것이니 이는 하나님이 자기 형상대로 사람을 지으셨음이니라_창 9:5~6

하나님의 형상대로 지음 받았으므로 너무 귀한 생명에 대한 대가는 생명밖에 없습니다. 여기에 사형제도의 뿌리가 있는데, 하나님의 형상을 깬 죄에 대한 형벌은 아무리 무거운 형벌이라도 생명 아닌 다른 것으로는 대체가 안 된다는 원리입니다.

어린 소녀를 겁탈한 뒤 난도질해서 죽인 살인범이 있다고 합시다. 이에 대한 재판 결과, 한 달 징역형이 나왔다면 모든 사람이 공분을 느끼면서 재판이 결코 공의롭지 않다고 말할 것입니다. 미국에서는 이런 죗값을 중히 물어 120년 징역형과 같은 판결이 내려질 때도 있지만, 분명한 것은 생명은 생명 외에 다른 것으로는 값을 길이 없다는 것입니다.

예수님의 말씀에 따라 우리 중 누구도 살인죄에서 자유로운 자가 없다고 생각합니다. 형제에게 욕하고, 콧방귀를 뀌면서 퍼부은 거친 말들이 전부 살인죄라고 주님은 말씀하십니다.

> 율법을 따라 거의 모든 물건이 피로써 정결하게 되나니 피흘림이 없은 즉 사함이 없느니라_히 9:22

17너는 네 형제를 마음으로 미워하지 말며 네 이웃을 반드시 견책하라 그러면 네가 그에 대하여 죄를 담당하지 아니하리라 18원수를 갚지 말며 동포를 원망하지 말며 네 이웃 사랑하기를 네 자신과 같이 사랑하라 나는 여호와이니라_레 19:17~18

24주의 종은 마땅히 다투지 아니하고 모든 사람에 대하여 온유하며 가르치기를 잘하며 25참으며 거역하는 자를 온유함으로 훈계할지니 혹 하나님이 그들에게 회개함을 주사 진리를 알게 하실까 하며 _딤후 2:24~25

제6계명을 지키려는 성도들은 칼로 사람 안 죽였다고 안심할 것이 아니라, 주님의 말씀을 따라 좀 더 신중하고 온전히 제6계명을 지키도록 해야 할 것입니다.

그는 보이지 아니하는 하나님의 형상이시요 모든 피조물보다 먼저 나신 이시니_골 1:15

하나님의 완전한 형상이신 예수님은 우리의 죄를 갚기 위해서 스스로 십자가를 지셨습니다. '생명은 생명으로'의 원칙에 따라, 예수님은 아버지께 순종하시고 십자가에서 생명을 내놓으셨습니다.

교통사고로 온몸에 화상을 입은 이지선 자매가 오래전 〈힐링캠프〉라는 방송 프로그램에 출연해서 이야기하는 것을 보았습니다. 친오빠가 "여기 있는 펜을 잡는 순간 사고 전으로 돌아갈 수 있다면 너는 이펜을 잡겠니?" 질문했다고 합니다. 사고 전 이지선 자매 사진을 보여 주는데 정말 미인이었습니다. 여자로서 다시 그 미모로 돌아가고 싶을 것 같지만 이지선 자매는 질문을 받는 순간 조금도 주저함 없이 "펜을 잡지 않겠습니다"라고 대답했답니다. 진행을 맡은 이경규 씨나 김제동 씨는 이해할 수 없었습니다. 이지선 자매는 말을 이어 갔습니다. "수술을 40회 넘게 받으면서 눈을 감지 못해 힘들었고 입을 다물 수 없어서 창피했으며 수많은 고통을 겪었습니다. 그러나 이 고통 때문에 만난 예수님, 그리고 그 고통 속에서 체험한 하나님의 은혜와 영광을 생각하면 그 전으로 돌아가고 싶지 않습니다"라고 말했습니다. 하나님의 은혜가 그 정도로 가치 있고 의미 있다는 것입니다.

우리가 받은 은혜가 그 정도입니다. 만약 예수님에게도 같은 질문을 던진다면 예수님은 어떻게 대답하셨을까요? 눈앞에 펜을 잡으면 고난 이전으로 돌아가, 온몸에 채찍질당할 이유도 없고, 양손과 양발에 못 박힘당할 이유도 없고, 십자가에서 고뇌 중에 절규할 필요도 없고, 그 얼굴에 주먹질당할 이유도 없고, 가시 면류관 때문에 머리가 부서질 것 같은 아픔을 겪을 필요가 없다 해도 예수님은 '안 돌아간다'고 말씀하셨을 것입니다.

완벽한 하나님의 형상을 가지신 주께서 십자가에서 죽으심으로 우리 안에 하나님의 형상이 회복되는 엄청난 은혜를 베풀어 주셨습니다. "그가 징계를 받으므로 우리는 평화를 누리고, 그가 채찍에 맞으므로 우리는 나음을 받았도다"(사 53:5). 우리 때문에 찔리시고, 우리 때문에 상하시고, 우리 때문에 생명까지 주신 그 사랑을 잊지 말아야 합니다.

이에 예수께서 이르시되 아버지 저들을 사하여 주옵소서 자기들이 하는 것을 알지 못함이니이다 하시더라⋯⋯_눅 23:34a

무릎을 꿇고 크게 불러 이르되 주여 이 죄를 그들에게 돌리지 마옵소서 이 말을 하고 자니라_행 7:60

예수님의 죽음을 닮았던 스데반처럼 우리도 살인죄를 안 짓는 수준을 뛰어넘어서 예수님께 받은 사랑대로 남들을 사랑하는 데까지 나아가야 합니다. 우리 성도들은 누가복음 10장에 나온 선한 사마리아인처럼 악에게 지지 말고 선을 악으로 이겨야 합니다.

33 사마리아 사람은 여행하는 중 거기 이르러 그를 보고 불쌍히 여겨 34 가까이 가서 기름과 포도주를 그 상처에 붓고 싸매고 자기 짐승에 태워 주막으로 데리고 가서 돌보아 주니라_눅 10:33~34

악에게 지지 말고 선으로 악을 이기라_롬 12:21

　　나도 모르게 함부로 내뱉은 말로 수많은 사람을 죽였던 살인죄, 사실을 확인하지도 않고 들은 말을 무책임하게 옮겼던 살인죄, 격려 받아도 힘든 우리 자녀들에게 생각도 없이 쏟아 낸 저주의 말들…… 살인죄! 우리는 이 죄를 회개해야 합니다. 어쩌면 우리는 가장 가까운 사람을 대상으로 제6계명을 제일 많이 어기며 살고 있는지 모릅니다. 아직도 배우자의 마음에는 내가 말한 그 날카로운 말이 비수처럼 꽂혀 있지 않을까요? 눈에 넣어도 아프지 않을 자녀들에게 "내가 너 밥을 굶겼냐? 왜 공부를 못해?" 하면서, 수많은 살인죄를 짓는 건 아닌지 생각해 보아야 합니다. 더 나아가 구체적으로 사랑을 실천하는 모습이 예수의 십자가 은혜를 입은 자들에게 있어야 할 것입니다.

예수님의 죽음을 닮았던 스데반처럼
우리도 살인죄를 안 짓는 수준을 뛰어넘어서
예수님께 받은 사랑대로 남들을
사랑하는 데까지 나아가야 합니다.

적용 질문

1. '살인하지 말라'는 계명은 고의적이고 계획적인 살인을 금하고 있습니다. 하지만 성경은 살인죄가 적용되지 않는 경우도 설명하고 있는데 어떤 예들이 있을까요(신19:5; 출 22:2; 삼상 18:7; 창 9:3)?

....

....

....

....

....

2. 하나님은 왜 살인하지 말라고 하셨습니까(창 9:6)?

....

....

....

....

....

3. 예수님은 제6계명을 새롭게 해석하십니다(마 5:21~22). 제6계명을 통해 하나님이 우리를 무엇으로부터 보호하기를 원하시는지 찾아봅시다.

1) (　　　)로부터 보호 (신 22:8)

2) (　　　)로부터 보호 (마 5:22; 엡 4:26~27)

3) (　　　)로부터 보호 (창4:4~8, 23~24)

그리고 내가 이 계명을 가지고 다른 사람을 어떻게 보호해야 할지 나누어 봅시다.

....

....

....

....

....

....

....

....

....

....

....

4. 우리 모두는 제6계명에서 자유로울 수 없습니다. 내가 말이나 행동, 표정과 태도로 다른 사람을 살인한 죄는 무엇입니까?

....

....

....

....

....

....

....

5. 누가복음 10장에 나온 선한 사마리아인과 같이 제6계명을 지키기 위하여 내가 적극적으로 실천해야 할 구체적인 사랑의 적용은 무엇입니까(눅 10:30~37)?

....

....

....

....

....

....

....

결론

제6계명은 고의적이고 계획적인 살인을 금합니다. 살인죄는 하나님의 형상을 손상시키는 무서운 죄이기 때문입니다. 예수님은 이 계명을 새롭게 해석하십니다. 흉기로 사람을 죽이는 것만 아니라 인격을 모독하고, 말로 사람을 저주하며, 표정과 눈빛으로 분노를 쏟아 내는 것도 살인과 같다고 하십니다. 우리는 살인죄에서 자유로울 수 없습니다. 이런 우리 죄를 대속하시기 위해 예수님은 십자가를 지셨습니다. 생명은 생명으로만 갚을 수 있기에 예수님은 십자가에서 생명을 내놓으셨습니다. 주님의 십자가 죽음으로 우리 안에 하나님의 형상이 회복되었습니다. 그 사랑을 받은 우리는 적극적인 사랑으로 제6계명을 지켜야 합니다. 선한 사마리아인처럼 가정과 교회와 사회에서 예수의 십자가 사랑을 실천하는 우리가 되기를 소망합니다.

제8장

여 자

간음하지 말라 _ 출 20:14

이번 장 제목을 〈여자〉로 정한 까닭은 "간음하지 말라"는 제7계명이 '여자'를 먼저 생각하게 하는 명령이기 때문입니다. 왜 그런가요? 예수님께서 제7계명을 해석하시는 산상수훈의 중심에 '여자'가 있기 때문입니다.

> 27또 간음하지 말라 하였다는 것을 너희가 들었으나 28나는 너희에게 이르노니 음욕을 품고 **여자**를 보는 자마다 마음에 이미 간음하였느니라 29만일 네 오른 눈이 너로 실족하게 하거든 빼어 내버리라 네 백체 중 하나가 없어지고 온 몸이 지옥에 던져지지 않는 것이 유익하며_마 5:27~29

왜 예수님께서 "'남자'를 보고 음욕을 품는 자마다"라고 하지 않으시고, "'여자'를 보고 음욕을 품는 자마다"라고 말씀하셨을까요? 틀림없이 간음에 대한 가르침에는 '남자'보다 '여자'에 대한 뭔가가 있다는 생각을 해 보게 됩니다.

솔직히 "간음하지 말라"는 가르침이 나오면 여자보다 남자가 더 움찔할 것이라고 생각합니다. 동의하시나요? 간음죄는 남자들이 여자보다 더 쉽게 빠지는 범죄라고 생각합니다. 음란 동영상이나 포르노그래피와 같은 음란물은 주로 남자들을 유혹하는 것입니다. 또한 주님의 가장 대표적인 가르침 중 하나로 교회 다니지 않는 사람들도 잘 아는 가르침이 간음하다 현장에서 붙들린 여인의 이야기라고 생각합니다. "죄 없는 자가 먼저 돌로 치라!" 얼마나 많은 사람이 인용하는 성경 구절인지 모릅니다. 당시의 긴박했던 상황을 기록한 성경 말씀에도 남자가 아닌 여자가 등장합니다.

> 4예수께 말하되 선생이여 이 **여자**가 간음하다가 현장에서 잡혔나이다 5모세는 율법에 이러한 **여자**를 돌로 치라 명하였거니와 선생은 어떻게 말하겠나이까 6그들이 이렇게 말함은 고발할 조건을 얻고자 하여 예수를 시험함이러라 예수께서 몸을 굽히사 손가락으로 땅에 쓰시니 7그들이 묻기를 마지 아니하는지라 이에 일어나 이르시되 너희 중에 죄 없는 자가 먼저 돌로 치라 하시고 8다시 몸을 굽혀 손가락으로 땅에 쓰시니 9그들이 이 말씀을 듣고 양심의 가책을 느껴 어른으로 시작하여 젊은이까지 하나씩 하나씩 나가고 오직 예수와 그 가운데 섰는 **여자**만 남았더라_요 8:4~9

간음죄는 남자와 여자가 함께 관여되어 있는 문제임이 분명합니다. 또 남자가 이 죄에 잘 빠진다고 하는데, 정작 성경은 간음죄에서 '여자' 이야기를 하고 있습니다. 왜 그럴까요? 예수님이 산상수훈에서 제7계명에 대한 가르침을 주시고 바로 하신 말씀은 이렇습니다.

또 일렀으되 누구든지 아내를 버리려거든 **이혼 증서**를 줄 것이라 하였으나_마 5:31

간음죄를 이야기하시면서 '이혼 증서'에 관해 말씀하십니다. 이것은 신명기 말씀과 연관됩니다.

1사람이 아내를 맞이하여 데려온 후에 그에게 **수치되는 일**이 있음을 발견하고 그를 기뻐하지 아니하면 이혼 증서를 써서 그의 손에 주고 그를 자기 집에서 내보낼 것이요 2그 여자는 그의 집에서 나가서 다른 사람의 아내가 되려니와_신 24:1~2

왜 이혼 증서를 주라 했을까요? 당시 여자는 물건 취급을 받았고 경제권이 없었습니다. 여자는 부모 밑에 있다가 시집을 가면 남편 밑에서 생계를 유지해야 했습니다. 만일 '수치스러운 일'로 집에서 쫓겨나면(한국의 칠거지악 같은 이유로 쫓겨나면) 당장 먹고사는 데 문제가 생깁니다. 그래서 여자의 생명과 권리를 보호하는 차원에서 재혼할 수 있는 기회를 주고자 '이웃 사랑'의 원칙하에 이혼 증서를 주라고 한 것입니다. 만약 이혼 증서 없이 그냥 내쫓겨서 다른 남자와 살면 '간음죄'에 걸려 돌에 맞아 죽을 수도 있기 때문입니다.

수치되는 일

수치되는 일이 발견되면 이혼 증서를 써 주라 했는데, 이 '수치되는 일'이 무엇인지에 대해서는 의견이 분분했습니다. 한국의 칠거지악처럼(시부모를 잘 섬기지 않는 것, 아들이 없는 것, 음행, 질투, 나쁜 병, 말이 많은 것, 도둑질) 딱 정해져 있으면 좋겠지만, 그 해석이 귀에 걸면 귀걸이, 코에 걸면 코걸이 식이었습니다.

당시 랍비 학교는 보수적인 샴마이 학파와 진보적인 힐렐 학파로 양대 산맥처럼 나뉘었습니다. 샴마이 학파는 부부가 아닌 남녀의 성적 관계를 간음으로 보는데, 힐렐 학파는 밥을 태워도, 요리를 맛없게 해도, 빨래를 잘 못해도 남편을 기분 나쁘게 한 '수치스러운 일'로 간주되어 아내를 쫓아낼 수 있었습니다. 따라서 가정 안에서 남편이 아내에게 각종 폭력을 함부로 행사할 수 있는 위험이 언제든지 도사리고 있었습니다. 심지어 아내가 잠자리에서 만족을 주지 못하는 것도 수치스러운 일이 될 수 있었습니다. 그런 상황에서 여자가 쫓겨나면 재혼하지 않고는 살아갈 수 없기에 '이혼 증서'를 주게 한 것입니다.

그리고 증서를 써 주려면 두세 명의 증인이 있어야 합니다. 이혼 증서를 써 주게 함으로써 여자를 남자의 폭력으로부터 보호하고 이혼하기 힘들도록 만든 것입니다.

인생의 블루프린트 십계명

간음 영역

예수님의 제7계명 해석은 바로 이런 배경을 두고 하신 말씀입니다. 간음하다 현장에서 붙들린 여자에 관한 말씀만 보아도 그렇습니다. 왜 남자와 여자가 같이 끌려오지 않고, 여자만 끌려 왔느냐는 것입니다. 여자를 물건 취급하고 성적 노리개로 대하던 시대적인 단상 아닙니까? 그래서 주님은 그 세대를 향하여, 그 시대 남자들을 향하여 "너희는 기분 나빠도 그것이 수치되는 일이라 여기고 죄를 뒤집어씌어 네 부인을 버리느냐? 나는 말한다. 여자를 보고 음욕을 품는 자마다 마음에 이미 간음하였느니라"고 선언하셨습니다. 즉, 남자가 여자를 단순히 자신의 성욕을 채우는 도구로 여기는 것을 금하는 법이 제7계명입니다. 직접적인 성적 관계뿐 아니라 음욕을 품게 하는 음란한 영상과 사진, 외설 잡지 등을 '보는 것'도 제7계명을 어기는 죄입니다.

제7계명을 지켜야 하는 신학적 이유

31그러므로 사람이 부모를 떠나 그의 아내와 합하여 그 둘이 한 육체가 될지니 32이 비밀이 크도다 나는 그리스도와 교회에 대하여 말하노라_엡 5:31~32

신체적으로 하나 되는 것은 정신적·정서적·육체적 하나 됨을 넘어, 그리스도와 교회의 하나 됨을 나타내는 영적인 의미가 있습니다. 사도 바울은 우리의 몸이 그리스도의 지체임을 알라고 하면서 몸과 상관없이 마음은 항상 아내와 있다고 변명하는 남자들에게 이렇게 말합니다.

창녀와 합하는 자는 그와 한 몸인 줄을 알지 못하느냐 일렀으되 둘이 한 육체가 된다 하셨나니_고전 6:16

하나님과 우리의 관계가 지상에서 그림자로 나타나는 것이 부부 관계입니다. 성경에서는 하나님과 우리의 관계를 남녀가 결혼하는 관계로 묘사하고 있습니다. 최초의 언약으로 하나님께서 "나는 네 하나님이 되고, 너는 내 백성이 될지라" 하신 말씀도 실제 결혼식 때 하는 서약문입니다. "나는 너의 남편이 되고, 너는 내 아내가 될지라"는 성혼 선언문과 같은 말입니다. 이는 하나님과 우리의 언약적 관계를 의미합니다. 이 언약을 맺고 하나님이 처음으로 하시는 일이 동물을 쪼개는 것입니다. 양을 반으로 쪼개고, 그 사이를 지나가는 언약식을 행하십니다. 마치 계약을 맺고 사인을 하는 행위와 같습니다. 법적인 구속력이 생긴 것입니다. 그리고 나서 그 쪼갠 고기로 식사를 합니다. 이것을 언약의 식사라고 합니다. 아브라함과의 언약도 이렇습니다.

해가 져서 어두울 때에 연기 나는 화로가 보이며 타는 횃불이 쪼갠 고기 사이로 지나더라_창 15:17

언약이 있을 때마다 식사가 있습니다. 출애굽기 역시 20장 십계명으로 시작해서 21장 소유주의 책임에 관한 법, 22장 배상에 관한 법, 23장 재판의 공정성과 지켜야 할 명절에 대한 법을 주고 나서 24장에 언약의 식사를 하는 장면이 나옵니다.

하나님이 이스라엘의 자손들의 존귀한 자들에게 손을 대지 아니하셨고 그들은 하나님을 뵙고 먹고 마셨더라_출 24:11

언약이 주어지고 그 후 식사를 합니다. 가장 대표적인 예가 유월절 식사입니다. 교회에서 주기적으로 행하는 성찬식이 바로 유월절 어린 양이 되신 예수님의 몸과 피를 먹는 언약의 식사라 할 수 있습니다. 하나님과 언약을 맺을 때마다 쪼개진 양이 바로 예수 그리스도임을 예표하며 암시하고 있었던 것입니다.

우리가 어겼던 언약이 예수님의 쪼개진 생명으로 다시 새로워지는 것입니다. 그래서 우리가 예수님을 먹고 마시는 것입니다. 그렇게 우리가 예수님과 하나 되면 다시 언약의 관계로 들어가는 것입니다.

간음하여 집 나간 신부 같은 우리를 신랑 되신 예수님께서 다시 찾아오십니다. 호세아 선지자는 바로 이런 관계를 친히 경험한 선지자입니다. 집 나간 자기 부인을 찾아오라고 하나님이 명하십니다. 애인을 따라 나갔던 고멜이 결국은 이용만 당하고 버림받아 노예시장에 나옵니다. 호세아는 그 아내를 돈 주고 사서 다시 집으로 데려옵니다. 이때 하나님이 "호세아야, 네 심정이 어떠냐?"고 물으십니다. "그게 바로 이스라엘을 향한 나의 마음이다"라고 가르쳐 주시는 것입니다. 하나님은 화나고 괴롭지만 간음한 아내 같은 이스라엘 백성을 다시 데려오십니다. 값을 치르고 다시 관계를 맺고 끝까지 버리지 않으십니다. 왜 그럴까요? 언약을 깬 우리 대신 쪼개진 유월절 어린 양 예수로 인해 언약이 갱신되고 우리가 부부처럼 다시 하나님과 하나 되었기 때문입니다. 단순히 관계가 나빠졌다 좋아졌다 하는 수준이 아니라, 정말 부부로 돌아가는 것입니다. 결혼할 때 서약한 대로 죽음이 우리를 갈라놓을 때까지 사랑하겠다는 그 관계로 돌아가는 것을 의미합니다.

부부로 살면서 우리는 많은 우여곡절을 겪습니다. 가정에 풍랑도 찾아옵니다. 경제적인 고통도 겪습니다. 질병으로 병수발을 해야 하는 일도 있고, 성격 차이를 극복하지 못해서 첫사랑의 추억은 물거품이 되고 그냥 목숨이 붙어 있어서 살아가는 지뢰밭 같은 부부도 있습니다. 한 번쯤 이혼을 생각 안 해 본 부부가 있을까요? 그러면서 그 가운데 태어난 원수의 새끼를 바라보면서 지금까지 꾹꾹 참고 살다가 우리를 끝까지 버리지 않으시는 하나님의 사랑이 무엇인지를 조금은 이해하게 됩니다.

젊은 부부일수록 부부의 성 문제는 아주 민감하고, 이혼 사유 1순위도 성에 대한 문제인 것을 생각해 보면 제7계명을 지켜야 할 중요성은 아무리 강조해도 지나침이 없다고 생각합니다.

이제 제7계명을 어떻게 구체적으로 적용해야 할지 생각해 보겠습니다.

첫째, 육체적 간음(육간)뿐 아니라 감정적 간음(감간)도 조심하라

이렇게 적용하기 위해서는 부부가 인생의 재미(멋)를 같이 즐겨야 합니다. 좋은 음식, 좋은 취미, 운동, 책, 첫 번째 꽃, 첫 번째 시집, 성경책, 첫눈 오는 날 데이트, 식사 기도, 예배 등을 같이 하십시오.

운동을 좋아하는 남편과 책을 좋아하는 아내가 있다고 가정해 봅시다. 남편은 운동을 다른 여자랑 하고, 아내는 책 얘기만 하면 골치 아파하는 남편하고 말이 통하지 않아 북클럽(book club)에 가서 다른 남자랑 대화하다 집에 들어와서 잠만 자고, 다음날 또 그렇게 산다고 하십시다. 정서와 감정을 공유하지 않는 부부 역시 간음죄를 짓기 쉽습니다. 간음의 영역은 육체의 영역에 국한되지 않습니다. 이것을 저는 '감간', '감정적 간음'이라고 부릅니다.

신앙적인 것도 마찬가지입니다. 가능한 영적인 것도 최대한 깊이 나누어야 합니다. 기도제목이 그렇습니다. 물론 배우자의 신앙이 깊지 않아서, 당분간 나누지 못하는 경우도 있을 수 있습니다. 그러나 다른 남자 혹은 다른 여자와는 기도제목을 나누는데, 내 배우자와 나눌 수 없는 것도 사탄의 시험거리가 될 수 있습니다.

목회를 잘하고 계시던 한 미국 목사님이 갑자기 사임을 발표하면서 자신이 감정적 간음(emotional adultery)을 했다고 고백한 적이 있습니다. 자신이 한 여성도와 이야기할 때 맘이 더 편했고 자기도 모르게 서로의 기도제목을 나누며 기도했는데, 정작 아내와는 기도제목을 나누지 않은 것을 발견하고 나서 자신의 죄를 통감하고 회개한다며 사임한 것입니다.

둘째, 소통을 하라(사랑 고백)

위싱턴 대학교(University of Washington)의 심리학 교수와 팀원들이 가트만 연구센터(the Gottman Institute)에서 부부간에 오가는 것들을 지난 40년간 조사했는데, 이혼을 예견할 수 있는 행동들(예측변수, predictor)이 있었다고 보고했습니다. 소위 종말을 알리는 네 마리의 말(요한계시록을 인용해서)에 대해 이야기하며, 경멸(contempt, eye-rolling), 비난(criticism), 변명(defensiveness) 그리고 말 끊기(stonewalling)를 조심해야 한다고 경고합니다.[1] 부부는 서로 노래와 시로 고백하고 데이트를 즐기며 하루 한 번은 서로를 칭찬해 주어야 한다고 합니다.

몇 년 전 아래 기사를 읽고 적지 않게 놀랐습니다.

열리는 섹스로봇 시대 ⋯ '로봇 사만다와의 사랑' 불륜일까

다음 달 12월 13~14일 미국 몬태나 주립대에서 제4회 '국제 로봇과의 사랑 섹스 학술대회'가 열린다. 로봇공학자, 철학자, 사회학자 등이 '뜨거운 토론'을 벌이며 도널드 트럼프 대통령의 책사였던 스티브 배넌도 참석한다고 알려져 언론도 뜨겁다. '로봇과의 사랑'은 먼 훗날의 이야기가 아니다. 섹스로봇이 잇따라 출시되고 있으며 로봇유곽도 속속 문을 열고 있다. 영국의 미래학자 이안 피어슨 박사는 2016년 발간한 '미래의 섹스' 보고서에서 "사랑과 섹스가 분리될 날이 머지 않았다"며 "2025년에 여자는 남자보다 로봇과 더 많이 섹스하고, 2050년 로봇섹스가 인간끼리의 섹스보다 많아진다"고 예측했다.[2]

---

1) https://www.huffpost.com/entry/this-behavior-is-the-top-predictor-of-divorce_n_572cc717e4b0bc9cb0468e06
2) https://www.joongang.co.kr/article/23152274

이것이 바로 소통하지 않는 부부로 인하여 비인격화되어 가고 있는 미래의 비참한 로봇 사창가라고 말하고 싶습니다. 저는 건강한 성 문화가 크리스천 가정 안에서부터 정착되어야 한다고 믿습니다. 남자는 육체적인 필요에 따라 충동적으로 할 수 있다고 하지만, 여자는 그렇지 않습니다. 여자에게 성적 끌림은 사랑과 친밀함이 없이는 안 됩니다. 필요하다면 유행가 가사라도 인용해 가면서 고백을 연습해 보십시오.

"별 바람 햇살 그리고 사랑"

김종국

눈이 부시도록 투명한 아침…… 단 한사람 너만 있어 주면 돼, 이 세상 무엇도 널 대신할 순 없어. 아름다워 네가 있는 세상, 사랑하기에 나는 행복하니까, 그림 속에 연인들처럼 늘 함께 있어도 **이렇게 안고 있어도 더 그리워지는 너**

"사랑은 노력하는 것이 아니라 빠지는 거래, 나 자기에게 빠진 거 같아." 이런 드라마 대사 정도는 기억하고 배우자에게 사용해 보기를 제안합니다. 그것이 소통의 '노력'입니다.

셋째, 잠자리 매너를 지켜라

서로 분방하지 말라 다만 기도할 틈을 얻기 위하여 합의상 얼마 동안
은 하되 다시 합하라 이는 너희가 절제 못함으로 말미암아 사탄이 너
희를 시험하지 못하게 하려 함이라_고전 7:5

"분방하지 말라"고 성경이 명합니다. 왜냐하면 남편들이 성적인
죄에 빠질 가능성이 커진다는 것입니다. 존 그레이(John Gray)는 명저
『화성남자와 금성여자를 넘어서』에서 이런 말을 합니다.

남자들은…… 육체적 친밀감과 지속적인 열정에 대한 욕구가 충
족되지 않으면 고통을 숨기려고 섹스 중독에 빠져들 가능성이 크
다.[3]

12년 넘게 남성들이 개인적으로 포르노를 보는 것에 대해 어떻게
생각하느냐를 조사해 온《크리스천포스트》객원 칼럼니스트 샤운티
펠드한은 이렇게 정리했습니다. 포르노를 보는 남편을 보면서 아내는
남편이 다른 여자와 성관계하는 것으로 간주하며, 남편을 성적으로 만

---

3) 존 그레이, 화성남자와 금성여자를 넘어서, 문희경 옮김, 김영사, 133

족시켜 주지 못한다는 자괴감을 느끼게 된다는 것입니다.[4]

'여자는 사랑을 먹고 살고, 남자는 존경을 먹고 산다'는 말이 있습니다. 포르노를 보는 남편에게 사랑을 받지 못한다고 느끼는 아내는 당연히 남편을 존경할 수 없습니다.

남자와 여자가 다르다는 것을 인정하고, 다름이 서로에게 끌리는 매력임을 알아야 합니다. 자석을 보십시오. 같은 극끼리는 밀어내지만, 다른 극끼리는 들러붙습니다. 다른 극인 남편과 아내는 이처럼 들러붙어야 합니다.

"남자는 사진 한 장으로 데워지나 여자는 영화 한 편은 봐야, 그것도 잘된 영화를 봐야 겨우 데워진다"고 합니다. 음식을 해 줘도 정성을 다하는데, 성(sex)에 임할 때도 성실하게 임해야 합니다. 남자는 시각이 열려야 하고, 여자는 청각과 후각이 열려야 한답니다. 아내들이여, 제발 잠옷도 예쁜 것을 입으면 안됩니까? 편한 것을 입는다고 하면서 감자 자루 같은 것을 입으면 좋습니까? 남편들이여, 뭐가 그리 급합니까? 방에 촛불 하나 켤 여유가 없습니까? 로맨틱한 음악 하나 틀 여유는 없습니까?

간음하지 말라는 제7계명을 가장 잘 지키는 길은 부부가 더 소통

---

4) https://kr.christianitydaily.com/articles/91140/20170320/포르노-보는-남편에-대해-아내
가-분노하는-이유-3가지.htm

하고, 맘과 꿈을 나누며, 하나님이 부부에게 주신 성의 선물을 최선을
다해 사용하고 누리는 것이라 믿습니다.

적용 질문

1. 제7계명은 문자적인 간음만 아니라 남자가 여자를 단순히 자신의 성욕을 채우는 도구로 삼는 것을 금하는 말씀이기도 합니다. 여자를 보고 음욕을 품는 것도 간음이라고 하시는 말씀 앞에 어떤 마음이 듭니까(마 5:27~30; 요 8:4~11)?

....

....

....

....

....

2. 육체적 관계를 갖는 것은 단순히 육체적인 것으로 끝나지 않는다고 성경은 말합니다. 어떤 의미가 있을까요(엡 5:31~32; 고전 6:16)?

....

....

....

....

3. 제7계명을 구체적으로 적용하는 방법을 생각해 봅시다.

  1) 육체적 간음만 간음이 아니라, ＿＿＿＿＿＿＿도 간음
    입니다.
  2) 부부간 ＿＿＿＿＿을 훈련하라
  3) 잠자리의 ＿＿＿＿＿를 지켜라

  내가 위 방법들 중에서 잘하고 있는 것은 무엇이고, 잘하지 못
  하는 것은 무엇입니까?

  ....
  ....
  ....
  ....
  ....
  ....
  ....
  ....
  ....
  ....
  ....
  ....

4. 우리 부부 사이를 위협하는 성적인 유혹이 있습니까? 각자 솔
   직히 나누면서 함께 중보하는 시간을 가집시다.

   ....
   ....
   ....
   ....
   ....
   ....
   ....

5. 성도는 예수 신랑을 둔 예수의 신부입니다. 내가 예수님의 마음
   을 아프게 했던 것은 무엇입니까? 그럼에도 불구하고 예수님은
   내게 어떤 사랑을 베푸셨습니까? 그 예수의 사랑으로 내 배우
   자를 어떻게 사랑하겠습니까?

   ....
   ....
   ....
   ....
   ....
   ....

결론

"간음하지 말라"는 계명은 남자와 여자 모두에게 주신 말씀입니다. 간음에 대한 가르침에서 여자가 많이 언급되는 것은 당시 여자를 물건 취급하고 성적 노리개로 대하던 슬픈 시대적 단상이 반영됐기 때문입니다. 남편과 아내의 육체적·정신적·정서적 하나 됨에는 그리스도와 교회의 하나 됨을 나타내는 영적 의미가 있습니다. 하나님은 우리를 결혼의 언약 관계로 부르셨습니다. 우리가 깨뜨린 언약을 회복시키려고 예수님이 유월절 어린 양으로 죽으셨습니다. 예수님 때문에 언약이 갱신되고 우리는 하나님과 다시 하나 되었습니다. 우리를 끝까지 버리지 않으시는 하나님의 사랑으로 우리도 제7계명을 적용하고 가정을 지켜야합니다. 배우자와 감정과 신앙을 나누며 사랑의 소통을 훈련하고 부부관계에 최선을 다해야 합니다. 나를 죽기까지 사랑하신 예수 신랑을 바라보며 그 예수의 사랑으로 배우자를 사랑하고 가정에 구원의 열매를 맺으시길 축원합니다.

제9장

공 짜

도둑질하지 말라 לֹא תִּגְנֹב _ 출 20:15

왜 도둑질하지 말아야 할까?

도둑맞아 보셨습니까? 제가 초등학생이었을 때, 창문을 떼고 저와 동생 방에 들어온 도둑의 그 시커먼 발자국을 지금도 기억합니다. 한동안 그 방에서 잠을 자지 못했습니다. 내 방에 누군가 허락 없이 들어와 내 것을 허락 없이 가져간다면 트라우마가 남습니다. 따라서 "도둑질하지 말라"는 계명은 남의 소유물을 허락 없이 가져가지 말라는 소유 개념의 명령 그 이상입니다. 도둑질하다 들키면 "갚으면 될 것 아니에요!" 합니다. 그러나 제가 초등학교 때 당한 일을 아직도 기억하는 것을 보십시오. 얼마나 큰 상처를 받았으면 제8계명을 강해하는 이 순간에도 그 얘기를 하겠습니까? 제8계명은 남의 것을 훔치지 말라는 명령 그 이상을 말씀하고 있는 것입니다.

그러면 "도둑질하지 말라"는 명령은 무엇을 금한 것일까요?

첫째, 공짜는 없다! (Nothing is free)

도둑질은 수고하지 않고 공짜로 얻겠다는 심리 작용의 열매라 할 수 있습니다. 그러나 이 세상 어디에도 공짜는 없습니다. 예수 믿는 사람은 물건을 쓸 때도 누군가의 서명이 새겨져 있는 것처럼 여기면서 소중히 다루어야 합니다.

아무리 도매금으로 물건이 쏟아진다고 해도 그중에서 서명이 있는 것은 애착(personal)이 가지 않습니까? 베스트셀러 책을 구입했는데 저자가 개인적으로 서명해 준 것과 그냥 서점에서 산 책 간에는 차이가 있지 않습니까?

그런 의미에서 대량의 상품을 판매하는 도매상보다 개인적으로 다루는 소매상이 가격을 좀 더 받을 이유가 있다고 생각합니다. 소매상에 가서 물건을 살 때는 직원의 전문 지식이 동원됩니다. 고객은 그 이야기를 듣고 결정을 내려서 물건을 사게 됩니다. 좀 더 개인적인 관계 속에서 물건을 사니까 같은 물건이라도 개인적일 필요가 없는 도매상의 것보다 조금 더 비싸게 주고 살 가치가 있다는 것입니다. 요즘 아마존(Amazon.com)에서 이런 부분을 착안하여 신발을 신고 옷을 입어 보고, 맘에 드는 것만 취하면서 나머지는 반품(return)하는 정책을 쓰고 있는 것을 봅니다. 핸드폰 케이스를 구매할 때 거기에 개인적인 사진이나 서명을 넣으려고 돈을 더 주고 주문하는 것처럼 말입니다.

잘 살펴보면 정말 공짜는 없습니다. 모든 것에 누군가의 정성, 시간, 전문성, 추억 그리고 관계성(relationship)이 들어가 있습니다. 그중에 어떤 것은 대체 불가(irreplaceable)합니다.

둘째, 몰래 하는 도둑질 (Undercover theft)

도둑질은 히브리어로 'ganab', 영어로 'steal'인데 몰래 하는 도둑질을 염두에 둔 말입니다. 드러내며 하는 도둑질은 도둑질이라기보다 강도질이라고 할 수 있습니다. 지나가는 사람의 가방을 현장에서 강탈하거나 목걸이를 끊어 가는 행위 등을 말합니다. 반면 도둑질은 몰래 하는 행위입니다. 몰래 하기 때문에 도둑질을 당한 사람은 당시엔 모를수 있습니다. 그래서 도둑질한 자는 양심의 가책이 덜할 수 있습니다.

신용카드(credit card)가 한 예입니다. 신용카드를 만들면 얼마나 많은 것을 즉시로 살 수 있는지 모릅니다. 그러나 실제론 빚을 지게 됩니다. 미국에서는 대학교 들어가면 17, 18살 아이들에게 신용카드를 만들라고 편지가 날아듭니다. 그저 모퉁이에 작은 글씨로 '이자율이 17%, 18%'라고 고지만 한 채 말입니다. 이때 잘못하여 학생들이 평생 빚을 지게 되는 경우가 많습니다.

미국에 사는 성인은 평균 8개의 신용카드를 가지고 있다고 합니다. 신용평가기관인 엑스페리안(Experian)의 자료에 따르면 2018년 미국인들의 일인당 평균 신용카드 부채가 6,375달러이며, 연방준비제도 이사회(FRB)는 전체 미국인들의 신용카드 빚이 1조 달러(1천조 원, 2019년

한국예산이 469조 원)를 넘었다고 발표했습니다.[1]

우리 크리스천들은 이렇게 몰래 숨어 있는 도둑질을 분명히 밝혀야 합니다. 신용카드는 신중히 사용하시고, 로또나 도박 역시 '공짜 심리'를 자극하는 잘못된 경제관임을 분명히 알아야 합니다.

또 한 가지 몰래 하는 도둑질의 예로 **지식의 도둑질인 표절**을 들 수 있습니다. 표절은 어느 누구의 지식을 허락도 없이 자기의 지식인 양 쓰는 것을 말합니다.

> 피차 사랑의 빚 외에는 아무에게든지 아무 빚도 지지 말라……
> _롬 13:8a

셋째, 사람을 훔치지 말라

도둑질의 원어인 히브리어 ganab이 사용된 예를 찾아 보니까 사람을 훔치는 납치 혹은 유괴에 이 단어가 쓰인 것을 보게 됩니다.

사람을 **납치한** 자가 그 사람을 팔았든지 자기 수하에 두었든지 그를

---

1) 미주한국일보 http://sf.koreatimes.com/article/1186572

반드시 죽일지니라 _출 21:16

사람이 자기 형제 곧 이스라엘 자손 중 한 사람을 **유인하여** 종으로 삼거나 판 것이 발견되면 그 유인한 자를 죽일지니 이같이 하여 너희 중에서 악을 제할지니라_신 24:7

ganab이 쓰인 곳이 또 한 군데 있는데, 요셉이 술 관원장에게 자기 형편을 이야기할 때 이 단어를 씁니다.

나는 히브리 땅에서 **끌려온 자요** I was indeed **stolen out** of the land of the Hebrews……[ESV] 여기서도 옥에 갇힐 일은 행하지 아니하였나이다_창 40:15

요셉은 형들이 자기를 은 이십에 팔았는데, 그 돈에 자기의 인생이 도둑맞았다고 표현합니다. 자신의 가족, 부모님, 고향에서의 삶, 형제들과 함께 살면서 형성되었을 인격, 웃음과 울음, 추억들이 고스란히 도둑맞았다는 것입니다.

보증 한번 잘못 섰다가 집 날리고, 애들 공부도 못 시키고 죽을 고생한 분들의 이야기를 종종 듣곤 하는데, 이처럼 남의 호의를 떼먹고 달아난 사람들은 돈만 아니라 사람을 훔친 죄를 지은 것입니다. 그의 가족, 자녀들, 안락하고 행복하게 살 수 있는 삶을 유괴한 '도둑질'을 저지른 것입니다.

그래서 부탁드립니다. 빚은 반드시 갚으셔야 합니다. 그 빚을 갚지 않아서 남의 가정과 삶을 파탄으로 몰아넣는 경우가 있기 때문입니다. 심지어 가족 가운데도 경제관이 없는 사람이 있습니다. 다른 가족은 성실하게 사는데, 꼭 돈을 이리저리 꿔 가면서 갚지 않고 이 일, 저 일 한다고 하면서 빌려간 돈은 다 날려 버리고, 가족에게 꾼 돈이니까 갚을 생각도 하지 않아서 모두에게 근심이 되는 자가 있습니다. 수입이 없고 어려우면 어려운 대로 절약하며 살아야 하는데, 자기 수입에 비해 과다하게 살고 살림을 줄일 생각은 하지 않고 때만 되면 돈 좀 빌려 달라는 고질병을 없애야 합니다.

루마니아의 독재자 니콜라에 차우셰스쿠(Nicolae Ceauşescu)가 그 수도 부쿠레슈티(Bucharest)에 엄청난 궁전을 지었습니다. 김일성 주석궁을 보고서 감동을 받아 지었다는데, 세계에서 펜타곤 다음으로 큰 건물입니다. 총 면적 36만 제곱미터, 지하 8층에 지상 5층 건물로 44개의 분수대를 설치하고 2,800개의 샹들리에를 달았는데 샹들리에 하나의 무게가 5톤이랍니다. 입구에 깔린 빨간 카펫은 100미터 짜리인데 그 무게가 1.5톤이고 지하에는 2만 대의 차를 주차할 수 있는 주차장이 있습니다. 이 건물을 짓기 위해서 20개의 교회를 허물었고, 4만 명의 주민들을 거리로 쫓아내고 집을 밀어 버렸습니다. 매일 2만 명 넘는 주민을 강제노동에 끌어들였고, 700명의 설계사가 동원되었다고 합니다. 사람을 도둑질한 것이죠. 상대적으로 그 궁전 건축 현장 앞에 있던 조그만 정육점에는 가난한 주민들이 고기 부스러기라도 얻겠다고 끝도 안 보이게 줄을 섰다는 것입니다. 그런데 1984년부터 짓기 시작했던 궁전에 독재자 차우셰스쿠는 정작 들어가 보지도 못했습니다. 그는 1989년 12월 25일 크리스마스 날 처형을 집행하는 군인 세 명에게 백여 발의 총알을 맞으며 죽었는데, 그 처형 장면은 녹화되어 전 세계 언론에 공개되었습니다.

넷째, 선한 일을 하라

도둑질하는 자는 다시 도둑질하지 말고 돌이켜 가난한 자에게 구제할 수 있도록 자기 손으로 수고하여 선한 일을 하라_엡 4:28

이 부분을 저는 이렇게 말씀드리고 싶습니다. "하나님께 십일조를 드릴 수 있는 정직한 소득으로 가난한 자를 구제하십시오." 로또 맞으면 그것으로 하나님께 십일조 한다느니, 선한 일 한다느니 하지 마시고, 하나님 앞에 부끄럽지 않게 십일조를 드릴 수 있는 소득으로 착한 일을 하십시오.

8사람이 어찌 하나님의 것을 도둑질하겠느냐 그러나 너희는 나의 것을 도둑질하고도 말하기를 우리가 어떻게 주의 것을 도둑질하였나이까 하는도다 이는 곧 십일조와 봉헌물이라 9너희 곧 온 나라가 나의 것을 도둑질하였으므로 너희가 저주를 받았느니라 10만군의 여호와가 이르노라 너희의 온전한 십일조를 창고에 들여 나의 집에 양식이 있게 하고 그것으로 나를 시험하여 내가 하늘 문을 열고 너희에게 복을 쌓을 곳이 없도록 붓지 아니하나 보라 11만군의 여호와가 이르노라 내가 너희를 위하여 메뚜기를 금하여 너희 토지 소산을 먹어 없애지 못하게 하며 너희 밭의 포도나무 열매가 기한 전에 떨어지지 않게 하리니 12너희 땅이 아름다워지므로 모든 이방인들이 너희를 복되다 하리라 만군의 여호와의 말이니라_말 3:8~12

하나님이 주신 복으로 우리가 남들에게 복되다는 소리를 듣는다는 것입니다. 우리가 복덩이가 된다는 말입니다. 복덩이는 나 혼자만 배부르는 것이 아니라, 나 때문에 이웃도 배부르게 하는 자입니다. 그때 우리가 복된 자가 되는 것입니다. 그것이 곧 '선한 일'입니다.

도둑질에 대한 배상법

스페인 바르셀로나에서 호텔 체크인을 하다가 차에 두고 내린 아내의 지갑을 도둑 맞아서 큰딸과 함께 도둑 추격전을 했던 것이 기억납니다. 바르셀로나에서 두 밤을 자기로 미리 호텔을 예약했는데, 도둑맞고 두 밤을 그곳에서 보내는 것이 너무 끔찍했던 트라우마가 있습니다. 지금도 누가 바르셀로나에 가자고 해도 가기 쉽지 않을 것 같습니다.

출애굽기 22장에 나오는 배상법(reparation law)은 이렇습니다.

> 1사람이 소나 양을 도둑질하여 잡거나 팔면 그는 소 한 마리에 소 다섯 마리로 갚고 양 한 마리에 양 네 마리로 갚을지니라…… 4도둑질한 것이 살아 그의 손에 있으면 소나 나귀나 양을 막론하고 갑절을 배상할지니라_출 22:1, 4

예를 들어, 소를 도둑질했는데 그 소가 아직 살아서 도둑에게 있다면 그냥 돌려받으면 될 것 같지만, 소 한 마리를 더 배상하라고 합니다. 또한 도둑질한 소가 죽었으면 다섯 배로 갚으라고 하는 것이 배상의 원리입니다. 왜 그럴까요?

제가 겪은 정신적인 피해를 생각해 보십시오. 이것은 너무 힘든 것입니다. 만약 내가 새끼처럼 키우던 소나 양이 도둑맞았는데 죽었다고 하면, 내가 그 소나 양을 키우면서 얻은 정과 추억을 어디서 되찾을 수 있겠습니까? 다섯 배는 갚아야 겨우 좀 진정이 되지 않겠습니까? 영어로 irreplaceable이라는 말이 있듯이, 아무리 갚아도 대체가 불가능한 것이 있지 않겠습니까? No reparation possible!(배상 불가능)

여기서 나타나는 것이 죄의 성격입니다. 물건 하나 훔쳐 왔다가, 들키면 그대로 돌려줘도 되는 것이 아니라, 그 과정 속에 물건의 주인에게 정신적·육체적·감정적 더 나아가 그 영혼에까지 엄청난 피해(damage)를 끼치는 것이 죄의 파괴력입니다. 세월이 약이라고는 하지만 시간이 흘러도 안되는 부분이 있습니다. 그것이 바로 내가 짓는 죄가 내가 사랑해야 할 사람에게 남기는 상처입니다.

여기서 한 가지 생각해 볼 만한 것은 다른 죄들의 경우 형벌을 가하든지, 사형에 처하든지 하는데 도둑질에 대한 배상은 좀 다르다는 것입니다.

배로 갚게 하든지, 만약 도둑질해 간 것을 팔았거나 (그것으로 이득을 얻었다거나) 훼손되어 사용할 수 없게 되었을 때는 4~5배로 갚아야 합니다. 그래도 갚지 못하면 자기의 남은 재산을 팔아서 갚아야 하고, 그래도 갚지 못하면 그 집에 들어가 일을 해 주어야 합니다. 즉, 노예가 되어서 빚을 갚을 때까지 일해야 합니다. 이상하지 않습니까? 제가 자동차도 도둑맞아 본 경험이 있는데, 도둑을 본 적이 없고 저에게 한 푼도 갚은 적이 없습니다. 도둑맞았던 새 차가 전봇대를 들이받고 버려져 있는 것을 발견했는데, 보험으로 고치는 값이 당시 새 차 값보다 100불 싸다고 새 차로 바꿔 주지 않았습니다. 게다가 자동차 수리 공장(body shop)에 가서 1년 넘게 고치느라 얼마나 재정적으로 손해를 보고 맘고생을 했는지 모릅니다. 그런데 성경은 도둑질한 자가 갚을 때까지 계속 데리고 있으라고 합니다. 즉, 저보고 자동차 도둑을 잡아 감옥에 쳐 넣고 콩밥을 먹이라는 것이 아니라, 집에 데리고 있으면서 일 시키고, 밥 먹이며, 재우고 입히기를 빚 갚을 때까지 하라는 것입니다. 왜요? 관계 회복에 목적을 두기 때문입니다.

　"눈에는 눈으로, 이에는 이로 갚을지라"(레 24:20)는 율법이 복수의 법이라고 얘기하는 분들도 많지만, 실은 이웃사랑의 법입니다. 노예의 자식이 주인집 아들과 놀다가 주인집 아들 눈 하나를 다치게 했습니다. 그러면 그 노예 아들은 두 눈이 뽑힙니다. 같이 싸우다가 한 아이가 이가 하나 부러졌습니다. 이 부러진 아들의 아버지가 대법원장입니다. 그러면 상해자는 이가 다 뽑히고, 감옥에 들어가 10년은 삽니다. 이런 사회에 하나님이 주시는 율법은 "눈에는 눈으로'만', 이에는 이로'만'"의 원칙을 세운 것입니다. 연약한 이웃의 생명을 지키고 보호하고 사랑하는 원칙이 율법의 정신에 숨어 있는 것처럼, 도둑질의 배상 원리에도 이웃 사랑의 맥이 여전히 뛰고 있는 것입니다.

　남의 것을 도둑질했다가 들키면 "갚으면 될 거 아니에요!" 합니다.

"공짜인 줄 알았는데…… 아이~ 갚을 테니 문제 삼지 말아요!" 하는 것과 같습니다. 그러나 우리가 하나님의 것을 도둑질했을 때 하나님께 "갚으면 될 거 아니에요!"가 통하지 않습니다. 가격으로 환산하자면 우리 힘으로는 갚을 수가 없는 액수입니다. 너무 가난하여 빚을 갚을 수 없는 채무자인 나와 반드시 공의대로 죄의 값을 치르시는 채권자 하나님의 관계가 어떻게 사랑의 관계로 회복될 수 있을까요?

> 우리 주 예수 그리스도의 은혜를 너희가 알거니와 부요하신 이로서 너희를 위하여 가난하게 되심은 그의 가난함으로 말미암아 너희를 부요하게 하려 하심이라_고후 8:9

주 예수 그리스도의 십자가만이 우리 죄로 말미암아 단절된 하나님과의 관계를 사랑의 관계로 회복시켜 줍니다. 예수께서 사랑과 생명을 바쳐 주셨는데 그 모든 것이 공짜였습니다. 싸구려가 아니라, 우리가 갚을 길 없는 귀하고 귀한 은혜가 거저 주신 공짜였습니다. 이 은혜를 아는 자는 다른 사람의 귀한 소유물을 소중히 지키고 보호해 주어야 할 의무가 있다는 것을 알게 됩니다. 그리고 이 일을 위해 이 땅에 주님이 오신 것입니다. 크리스마스의 의미가 여기에 있습니다. 이 의미를 아는 자마다 생명으로 빚을 갚아 주신 주님께 감사하며, 그 누구에게도 도둑질하는 일을 삼갈 것입니다. 또한 갚을 길 없는 내 빚을 주님이 십자가로, 생명으로 갚아 주신 은혜를 체험한 자로서 내게 빚진 자에게 거저 받은 은혜를 거저 나눌 것입니다. 이런 복음의 능력으로 이웃과 사랑의 관계를 회복할 줄 믿습니다.

1. 도둑맞아 본 경험이 있습니까? 당시의 상황은 어땠나요?

....

....

....

....

....

2. 도둑질하지 말라는 계명은 개인의 소유권을 전제로 주신 말씀입니다. 남의 물건을 허락 없이 가져가는 것은 단순히 물건을 도둑질한 것일 뿐 아니라 대체 불가능한 것을 빼앗아 가는 경우일 수 있습니다. 도둑질당하면 마음이 정말 힘들 것 같은 나의 대체 불가능한 물건은 무엇입니까?

....

....

....

....

....

3. 도둑질은 '몰래' 하는 죄입니다. 남의 담을 넘어 몰래 물건을 훔치는 것 말고, 과장된 말이나 감언이설로 몰래 남에게 빚을 떠안겨 주거나 남의 지식이나 아이디어를 몰래 가져다 쓰는 것도 이에 포함됩니다. 나도 모르게 한 도둑질이 있습니까(롬 13:8)?

....
....
....
....
....

4. 성경을 보면 도둑질이라는 단어가 사람을 훔치는 납치나 유괴에 사용된 것을 알 수 있습니다. 내 빚을 갚지 않고 남에게 보증을 서게 하다가 남의 삶을 유괴하고 그 인생을 도둑질하는 경우가 있습니다. 나에게 빚이 있습니까? 그 빚을 갚기 위해 어떻게 적용하겠습니까(출 21:16; 신 24:7; 창 40:15)?

....
....
....
....
....

5. 복음의 역동성은 도둑질하던 자가 더 이상 도둑질 안 하는 것
으로 끝나지 않고, 자기 손으로 '선한 일'을 하는 데까지 나아가
게 합니다. 선한 일을 하기 위한 전제는 선한 일을 하기 위해 사
용하는 소득도 선해야 한다는 것입니다. 나의 소득은 선한 소
득입니까? 그 소득으로 어떤 선한 일을 하겠습니까(엡 4:28, 말
3:8~12)?

....

....

....

....

6. 도둑질에 대한 배상법을 통해 하나님은 우리의 깨어진 관계를
회복하고 이웃의 생명을 지키며 이웃의 재산을 보호하는 이웃
사랑의 원칙을 알려 주십니다. 깨어진 관계가 있습니까? 그 관
계를 회복하기 위해 예수님께 거저 받은 은혜, 거저 받은 복음
을 나누어 주겠습니까(출 22:1, 4; 고후 8:9)?

....

....

....

....

결론

하나님은 우리에게 도둑질하지 말라고 명하십니다. 도둑질은 하나님이 주신 개인의 소유권을 침해하는 죄인 동시에 피해자의 마음에 큰 상처를 주는 죄입니다. 단순히 물건을 훔치는 것만 아니라 누군가의 마음과 추억과 관계성이 담긴 대체 불가한 것을 앗아 가는 범죄입니다. 성도는 문자적인 도둑질만 아니라 몰래 하는 도둑질도 하면 안 됩니다. 과장된 광고, 과도한 영업으로 남을 빚더미로 내몰거나 남의 지식을 몰래 가져다 써도 안 됩니다. 빚과 보증으로 남의 인생을 유괴하고 납치하는 것도 도둑질입니다. 성도는 도둑질하지 않는 것에서 더 나아가 남들을 돕기 위해 선한 일을 하는 자입니다. 선하고 정직한 소득으로 하나님께 십일조를 드리며 하나님이 주신 복으로 남들을 복되게 하는 자입니다. 도둑질에 대한 배상법 안에는 관계 회복을 바라시는 하나님의 마음이 담겨 있습니다. 갚을 길 없는 빚을 예수님이 십자가 생명으로 갚아 주셨습니다. 거저 받은 은혜와 복음을 나눔으로써 이웃 사랑을 실천하고 관계 회복을 누리시길 소망합니다.

제10장

증 인

네 이웃에 대하여 거짓으로 증거하지 말라

_출 20:16

법정에 가서 증인 자리에 서면 증언을 하기 전에 선서를 합니다. 한국 법정에서는 "양심에 따라 숨김과 보탬이 없이 사실 그대로 말하고 만일 거짓말이 있으면 위증의 벌을 받기로 맹세합니다"라고 선서합니다. 미국 법정에서는 판사가 다음과 같이 묻습니다. "당신은 진실을, 완벽한 진실을, 그리고 오로지 진실만을 말하기로 맹세합니까?(Do you solemnly swear that you will tell the truth, the whole truth, and nothing but the truth?)" 그러면 증인은 이렇게 선서합니다. "나는 진실을, 완벽한 진실을, 그리고 오로지 진실만을 말할 것을 맹세합니다(I swear to tell the truth, the whole truth, and nothing but the truth)."

이번 장을 법정 이야기로 시작하는 이유는 제9계명이 우리가 법정에서 증인으로 나서는 상황을 염두에 두고 주신 말씀이기 때문입니다. "거짓말하지 말라"가 아니라, "거짓 증거하지 말라"입니다. 영어로는 'false witness' 하지 말라는 명령이기 때문입니다.

당시의 법정은 요즘같이 법원이 있어서 훈련 받은 사법부 판사들 앞에서 시비를 논하는 시스템이 아니었습니다. 출애굽한 광야 백성에게 주시는 말씀입니다. 훗날 가나안 땅에 정착해서 공동체를 이루며 살 때 마을 유지들과 장로들이 성문 앞 광장에 모여서 마을의 중대사를 논하는 일들이 성경에 종종 나오는데 그 배경으로 주시는 명령이라 생각하시면 됩니다.

21너는 또 온 백성 가운데서 능력 있는 사람들 곧 하나님을 두려워하며 진실하며 **불의한 이익을 미워하는 자를 살펴서** 백성 위에 세워 천부장과 백부장과 오십부장과 십부장을 삼아 22그들이 때를 따라 백성을 재판하게 하라······ _출 18:21~22a

18재판장은 자세히 조사하여 그 **증인이 거짓 증거하여 그 형제를 거짓으로 모함한 것**이 판명되면 19그가 그의 형제에게 행하려고 꾀한 그대로 그에게 행하여 너희 중에서 악을 제하라 _신 19:18~19

1~4계명이 하나님에 대한 계명이라면, 5계명부터 10계명까지는 사람에 대한 계명이라고 할 수 있습니다. 그런데 6~10계명에서 마치 문의 돌쩌귀(hinge) 같은 단어가 '이웃'입니다. 살인하지 말라, 간음하지 말라, 도둑질하지 말라······ 명령들이 너무 간단하게 나왔는데 오늘 말씀에 드디어 "네 이웃에 대하여"라고 언급한 것입니다. 즉, 모든 명령 앞에 '네 이웃'이라는 말이 전제된 것입니다.

이웃 하면 떠오르는 이야기가 있습니다. 율법교사가 뭘 해야 영생을 얻을 수 있냐고 예수님께 물었을 때, 예수님께서 "율법은 뭐라 하더냐" 물으셨습니다. 이때 율법교사 왈, "네 마음을 다하며 목숨을 다하며 힘을 다하며 뜻을 다하여 주 너의 하나님을 사랑하고 또한 네 이웃을 네 자신같이 사랑하라 하였나이다"(눅 10:27)라고 답합니다. 예수님이

"네 대답이 옳다. 그렇게 살아라" 하시니까, 율법교사가 그러면 "내 '이웃'이 누구냐"고 묻습니다. 이때 예수님은 선한 사마리아 사람 비유를 들려주십니다. 강도 만나 거의 죽게 된 사람을 제사장도, 레위인도 보고 지나치지만 사마리아 한 사람은 그를 보고 불쌍히 여겨 돌보아 주었다는 것입니다.

이웃 사랑이란 이런 것입니다. 네 부모를 공경하라부터, 살인하지 말라, 간음하지 말라, 도둑질하지 말라 이 모든 명령이 2인칭 단수로 되어 있습니다. 즉, "여러분 살인하지 마세요", "여러분 간음하지 마세요" 하고 군중에게 주신 명령이 아니라, 하나님이 한 사람 한 사람 따로 불러서 "너" 살인하지 마, "너" 간음하지 마, "너" 도둑질하지 마, "너" 거짓으로 증거하지 마 하시는 것입니다. 모든 자가 예외 없이 이 말씀 앞에서 하나님과 일대일로 서는 마음으로 명령을 들어야 한다는 것입니다.

나봇의 포도원

성경에 보면 북이스라엘의 악한 왕 아합이 백성 중 한 사람인 나봇의 포도원을 탐내어 갈취하는 사건이 나옵니다. 못된 왕이라서 그랬구나 하고 단순히 넘어갈 이야기는 아닙니다. 하나님은 이스라엘 백성이 조상으로부터 유산으로 물려받은 땅을 남에게 주는 것을 금하셨습니다. 이 사실을 잘 알기에 끙끙거리는 아합 왕을 한심하게 본 그의 아내 이세벨은 "뭘 그런 걸 가지고 근심하냐, 걱정 말고 식사나 잘 하라" 하면서 나봇의 포도원을 갈취할 음모를 짭니다.

> 8아합의 이름으로 편지들을 쓰고 그 인을 치고 봉하여 **그의 성읍에서 나봇과 함께 사는 장로와 귀족들에게 보내니** 9그 편지 사연에 이르기를 금식을 선포하고 나봇을 백성 가운데에 높이 앉힌 후에 10불량자 두 사람을 그의 앞에 마주 앉히고 그에게 대하여 증거하기를 네가 하나님과 왕을 저주하였다 하게 하고 곧 그를 끌고 나가서 돌로 쳐죽이라 하였더라_왕상 21:8~10

성경이 이 사건에서 말하려는 것은 악한 왕이 나봇의 포도원을 빼앗은 것이 아니라, 나봇과 함께 사는 '이웃' 장로와 귀족들이 제대로 '증인' 역할을 하지 못해서 나봇이 죽고 그 포도원을 빼앗겼다는 것입니다.

증인의 중요성

> 진실한 증인은 사람의 생명을 구원하여도 거짓말을 뱉는 사람은 속이느니라_잠 14:25

거짓 증인은 벌을 면하지 못할 것이요 거짓말을 하는 자도 피하지 못하리라…… 거짓 증인은 벌을 면하지 못할 것이요 거짓말을 뱉는 자는 망할 것이니라…… 망령된 증인은 정의를 업신여기고 악인의 입은 죄악을 삼키느니라_잠 19:5, 9, 28

이에 따라 아합과 이세벨의 최후가 예언되었고 그대로 되었습니다.

23이세벨에게 대하여도 여호와께서 말씀하여 이르시되 개들이 이스르엘 성읍 곁에서 이세벨을 먹을지라 24아합에게 속한 자로서 성읍에서 죽은 자는 개들이 먹고 들에서 죽은 자는 공중의 새가 먹으리라고 하셨느니라 하니_왕상 21:23~24

이웃에 대하여 거짓 증거한 대가를 성경은 분명히 기록하고 그대로 심판하고 있습니다.

확대 적용

네 이웃에 대하여 거짓 증거하지 말지니라_신 5:20

한글 개역개정판 성경에서는 본문과 신명기의 아홉째 계명이 같은 단어로 번역되었는데, 그 원어(שָׁוְא, shav)가 '거짓'에 '헛된'이라는 의미까지 포함하는 단어인 것을 유념하면 제9계명을 더 잘 적용할 수 있을 것 같습니다.

인격암살(character assassination) 하지 마라

한마디로 이웃의 명예를 지킬 것을 요구하신 말씀입니다. 헛된 과장으로 그 사람의 명예를 실추시키지 말라고 하신 것입니다. 사람의 명예는 서로가 꼭 지켜 줘야 함에도 불구하고, 너무 쉽게 깨어지는 것을 자주 봅니다.

공항에 도착해 짐을 찾으려고 수하물 찾는 곳(baggage claim)에서 기다리다 보면, 가방에 'fragile'(쉽게 깨어짐, 주의 필요)이라고 쓰인 가방들이 있습니다. 짐 다루는 사람들이 가방을 냅다 던지는 것을 저도 자주 봅니다. 그러니 내용물이 망가지고 깨지는 경우가 얼마나 많겠습니까? 그래서 가방에 쉽게 깨질 수 있는 물건이 있다는 것을 알리면 좀 더 조심스레 가방을 다루게 되는 효과가 있습니다.

저는 개인적으로 앞에서 봉사하시는 분들, 웨이터, 은행 직원 등 서비스 업을 하시는 분들에게도 'fragile' 스티커를 붙여 드리고 싶습니다. 봉사직에 있는 분들에게 함부로 반말이나 막말을 하지 마십시오. 특별히 교회에서 정말 충성스럽게 섬기시는 분들에게 꼭 'fragile' 스티커를 붙여 드리고 싶습니다. 앞에서 일하는 분들의 명예를 지켜 주십시오. "담임목사에게 눈도장 찍으려고 아첨하는 거지?" 이런 식으로 말하는 사람도 있다는데 그분들의 인격을 호도하지 마시기 바랍니다. 또한 우리의 도마 위에 자주 오르는 정치인 혹은 연예인에 대해서도 근거 없이 함부로 말하지 말아야 할 것입니다. 그들의 인격을 암살하는 것과 마찬가지이기 때문입니다.

> 남의 말 하기를 좋아하는 자의 말은 별식과 같아서 뱃속 깊은 데로 내려가느니라_잠 26:22

과장(gossip) 하지 말라

사실이라고 우기지만, 완벽한 진실(the whole truth)이 아닌 경우는 과장입니다. 과장은 험담이며, 험담은 날개 달린 뱀과 같습니다. 얼마나 신속하게 이 집에서 저 집으로 소문이 날아가는지 모르며, 필요하면 배를 깔고 숨어서 기는 뱀같이 혀를 날름거리며 입을 싹 씻습니다. 그래서 성경은 교회 지도자들에 대한 험담에 관해 이렇게 말합니다.

19 장로(목사)에 대한 고발은 두세 증인이 없으면 받지 말 것이요 20 범죄한 자들을 모든 사람 앞에서 꾸짖어 나머지 사람들로 두려워하게 하라 21 하나님과 그리스도 예수와 택하심을 받은 천사들 앞에서 내가 엄히 명하노니 너는 **편견이 없이** 이것들을 지켜 아무 일도 불공평하게 하지 말며_딤전 5:19~21

허물을 덮어 주는 자는 사랑을 구하는 자요 그것을 거듭 말하는 자는 친한 벗을 이간하는 자니라_잠 17:9

나무가 다하면 불이 꺼지고 말쟁이가 없어지면 다툼이 쉬느니라 _잠 26:2

노아의 두 아들에게 배우라

아버지 노아가 술에 취해 벌거벗고 하체를 드러내고 있는 것을 보고 아들 함은 다른 형제들에게 이 일을 떠들어 댔습니다. 그때 두 아들 셈과 야벳은 옷을 가져다가 뒷걸음쳐 들어가서 얼굴을 돌려 아버지의 하체를 보지 않고 덮어 드렸습니다(창 9장).

성경은 노아가 술에 취해 벌거벗은 것으로 이슈를 삼지 않고 (물론 그것도 덕이 안 되지만) 아들들이 행한 일에 집중하고 있는 것을 봅니다. 아버지의 허물을 들추고 떠벌렸던 아들 함의 후손(가나안)은 저주를 받고 아버지의 허물을 가리운 두 아들의 후손은 축복을 받았습니다. 이들의 장래가 갈린 것을 우리는 옷깃을 여미는 심정으로 마음에 새겨야 합니다.

나에 대한 헛된 증거들이 돌아다닐 때

거짓 증거의 가해자가 되어서는 물론 안 되지만, 만약 거짓 증거의 피해자(victim)가 된다면 어떻게 극복할 수 있을까요? 첫째, 너무 억울한 경우 고소할 수 있을 것입니다. 피해의 여파가 내가 감당할 수 있는 부분을 넘어 나의 가족과 친구, 동료들에게까지 미치기 때문에 법정으로 가야 하는 경우도 있을 겁니다. 그러나 만약 그 정도가 아니라면, 나를 향해 거짓 증거하는 이가 또 다른 '이웃'이라는 것을 생각하면서 웬만하면 고소하지 말고 하늘 법정으로 그 안건을 가지고 가야 합니다.

사탄은 어떻게 해서든지 우리를 끌어내리려고 합니다. 주위 가까운 사람들의 의미 없는 말을 사용해서 우리 마음에 큰 상처를 주려고 애씁니다. 계시록은 사탄을 참소자(accuser)라고 부릅니다.

내가 또 들으니 하늘에 큰 음성이 있어 이르되 이제 우리 하나님의 구원과 능력과 나라와 또 그의 그리스도의 권세가 나타났으니 **우리 형제들을 참소하던 자** 곧 **우리 하나님 앞에서 밤낮 참소하던 자**가 쫓겨났고_계 12:10

이런 사탄의 참소를 하늘 법정으로 가져가는 복음의 능력을 사용하시기 바랍니다. 제가 하는 방법을 알려 드립니다.

1그러므로 이제 그리스도 예수 안에 있는 자에게는 결코 정죄함이 없나니⋯⋯ 33누가 능히 하나님께서 택하신 자들을 고발하리요 의롭다 하신 이는 하나님이시니 34누가 정죄하리요 죽으실 뿐 아니라 다시 살아나신 **이는 그리스도 예수시니 그는 하나님 우편에 계신 자요** 우리를 위하여 간구하시는 자시니라_롬 8:1, 33~34

55스데반이 성령 충만하여 하늘을 우러러 주목하여 하나님의 영광과 및 예수께서 하나님 우편에 서신 것을 보고 말하되 56보라 하늘이 열리고 **인자가 하나님 우편에 서신 것을 보노라** 한대_행 7:55~56

스데반 집사는 자신을 해하는 자들을 결코 정죄하지 않았습니다. 그러면 뭐 합니까? 결국 스데반 집사는 돌에 맞아 죽지 않습니까? 맞습니다. 하지만 그는 마지막에 우리 주님께서 하셨던 말을 따라 하며 숨을 거두었습니다.

> 무릎을 꿇고 크게 불러 이르되 주여 이 죄를 그들에게 돌리지 마옵소서 이 말을 하고 자니라_행 7:60

하나님이 이 기도를 하늘에서 들으셨습니다. 그래서 그 자리에서 스데반 집사를 죽이는 일에 찬성했던 바울을 하나님은 이방인의 사도로 쓰셨습니다. 더 나아가 바울이 쓴 서신서들을 통하여 하나님의 복음이 땅끝까지 전해지게 하셨습니다. 스데반 집사가 복음의 능력으로 끝까지 용서하고 기도했을 때 이 모든 일이 일어나게 된 것입니다. 그뿐만 아니라, 바울의 제자인 의사 누가가 바로 스데반 집사가 순교한 장면을 사도행전에 기록한 장본인입니다. 스데반 집사의 무고함과 정직함을 사도행전에 적어 알리고 있지 않습니까? 오고 가는 세대에게 스데반 집사의 정직한 인격과 위대한 믿음을 알리지 않았습니까? 바로 이것이 복음의 능력입니다. 사랑하는 성도 여러분! 무슨 말에 상처 입고 전전긍긍하고 계십니까? 하늘 법정으로 가져가는 복음의 능력으로 일어나시기 바랍니다.

적용 질문

1. 법정에서 증인으로 서 본 적이 있습니까? 만일 내가 법정의 증인 선서문으로 맹세를 하게 된다면 어떻게 말할 것 같습니까(출 18:21; 신 19:18~19)?

....
....
....
....

2. 열왕기상 21장은 아합 왕이 나봇의 포도원을 빼앗은 사건을 기록하고 있습니다. 나봇이 포도원만 아니라 목숨까지도 빼앗기는 것을 막을 수 있었던 법적 장치는 무엇이었습니까(왕상 21:8, 10)?

....
....
....
....

3. 성경은 증인에 대해 어떻게 말하고 있습니까(잠 14:25; 19:5, 9, 28, 19; 왕상 21:23~24)? 사람의 생명을 구하기 위해 내가 진실하게 증언해야 할 것은 무엇입니까?

....

....

....

....

....

....

....

4. 신명기 5장 20절에서 제9계명이 다시 반복되는데, 그 원어(שָׁוְא shav)의 의미가 '거짓 증거'에서 '헛된 증거'로 확대됩니다. 헛된 과장이나 근거 없는 험담으로 남의 명예와 인격에 해를 끼치게 된 일이 있습니까(잠 17:9; 26:20, 22; 딤전 5:20~21)?

....

....

....

....

....

5. 사탄의 별명은 '참소자'(accuser)입니다. 거짓이 판치는 세상에서 내가 하늘의 재판관을 믿고 내 문제를 하늘의 법정에 가지고 가기 위해 적용할 것은 무엇입니까(롬 8:1, 33~34; 행 7:55~56, 슥 8:16)?

....

....

....

....

....

....

....

....

....

....

....

....

....

....

....

....

결론

하나님은 "네 이웃에 대하여 거짓 증거하지 말라"고 하십니다. 사람에 대한 계명에는 이웃에 대한 인격적 관계가 전제되어 있습니다. 하나님은 우리를 한 사람씩 따로 불러서 이웃 사랑의 마음으로 이웃에 대해 진실히 증언할 것을 명령하십니다. 진실한 증인은 사람의 생명을 구원하지만 거짓된 증인은 남도 죽이고 자기도 벌을 면치 못하기 때문입니다. 헛된 과장으로 사람의 명예를 실추시키는 것도 거짓 증거입니다. 근거 없이 험담하면 남의 인격을 암살하지만 노아의 두 아들 셈과 야벳처럼 연약함을 덮어 주면 여호와를 찬송하게 됩니다. 거짓 증거의 피해자가 될 때 우리는 하늘의 재판관이신 하나님을 바라봐야 합니다. 사탄의 참소에 넘어지지 말고 하늘의 중재자 예수님을 힘입어 우리의 사건을 하늘 법정으로 가져가야 합니다. 복음의 능력으로 기도하고 용서하며 주님께 온전히 맡길 때 주님이 친히 우리를 위해 증언해 주시고 재판해 주실 것입니다.

제11장

비 교

네 이웃의 집을 탐내지 말라 네 이웃의 아내나 그의
남종이나 그의 여종이나 그의 소나 그의 나귀나 무
릇 네 이웃의 소유를 탐내지 말라 _출 20:17

크리스마스 시즌이 되면 선물을 많이 주고받습니다. 저에게는 그때가 주님께 제일 많이 죄송한 날이기도 합니다. 부족한 사람들, 특별히 우리 목회자들을 기억해 주셔서 작은 선물이라도 챙겨 주시는 성도님들께 너무나 감사합니다. 크리스마스 선물을 받으면서 이때가 동방박사들이 주님께 황금 유향 몰약을 경배하며 드렸던 시즌인데 저희가 대신 받는 것 같아 늘 죄송한 것도 사실입니다.

여러분은 무슨 선물을 제일 받고 싶습니까? 이렇게 상상해 봅시다. 여러분에게 원하는 것을 세 개나 줄 수 있는 요술 램프 지니가 있다면 무엇을 갖겠다고 하겠습니까? 1번부터 3번까지 순위를 정해서 말해 보십시오.

이런 우화가 있다고 합니다. 신이 한 남자에게 원하는 것을 다 주겠다고 약속했습니다. 다만 한 가지 조건이 있었습니다. 그가 갖는 것의 꼭 두 배를 그의 이웃이 갖는 것입니다. 예를 들면, 내가 벤츠 자동차 한 대를 원하면 내 이웃은 벤츠 두 대를 갖는 것입니다. 내가 백만 불짜리 집을 원하면, 내 이웃은 이백만 불짜리 집을 갖는 것입니다. 남자는 고민에 고민을 하다가 결정을 내렸습니다. 바로 자신의 눈 하나를 뽑는 것이었습니다. 내 눈 하나를 뽑아 이웃의 눈 두 개를 다 뽑겠다는 이 심보가 이해됩니까? 우리 속담에도 "사촌이 밭을 사면 배가 아프다"고 하는데 정확히 그 심보입니다.

이것이 바로 사람의 내면에 도사리는 탐욕의 한 단면입니다. 제10계명은 욕심이 많으면 안 된다는 차원의 단순한 윤리적 가르침이 아니라, 그 욕심이 이웃을 파괴시키는 아주 질 나쁜 죄라는 것을 보여 줍니다. 가나안 정복 전쟁 당시 여리고 성에 비하면 전력이 형편 없던 아이 성과의 전투에서 이스라엘이 대패합니다. 왜냐하면 하나님께서 여리고 성 진멸 후 아무것도 취하지 말라고 하셨는데, 아간이라는 자가 탐심에 눈이 어두워 남몰래 외투와 은을 취했기 때문입니다. 그 탐심이 가져온 결과는 많은 아이가 아빠를 잃고, 많은 아내가 남편을 잃어 과부가 된 것입니다. 탐심의 가공할 만한 파괴력을 보여 준 사건이라고 생각합니다. 우리가 살인하지 말고, 간음하지 말고, 도둑질하지 말고, 거짓 증거하지 말아야 하는 이유는 이웃 사랑 때문입니다. 오늘 십계명의 제일 마지막 계명은 이웃을 사랑하지 못하게 하는 모든 죄악의 뿌리인 탐욕에 대해 다룹니다. 인간의 가장 내면적이고 근본적인 부분까지 다루시는 하나님의 명령이라고 할 수 있습니다.

그러면 열 번째 계명은 구체적으로 무엇을 금하는 명령일까요? 웨스트민스터 소요리문답 제81문에서 아주 잘 설명하고 있습니다.

문. 제10계명에서 금하는 것이 무엇인가?
답. 제10계명에서 금하는 것은 우리의 처지를 부족히 여기거나

이웃의 행복을 시기하거나 이웃에 있는 모든 물건에 대한 불의한 행동과 감정이다.[1]

즉, 본문에서는 크게 세 가지 카테고리를 말하고 있는데, 이웃의 집, 이웃의 아내와 사람들, 그리고 이웃의 소나 나귀 같은 소유라고 말할 수 있습니다. 이웃의 것을 시기하면서 자기 신세를 한탄하는 이유는 내가 가진 것과 남이 가진 것을 "비교"하기 때문입니다.

비교하지 말라

'내 집은 이런데 이웃은 그림 같은 집에서 사네', '내 아내는 이런데 이웃의 아내는 이러네' 비교하는 것입니다. '내 남편은 말 그대로 남의 편인데 이웃집 남편은 집안일도 잘하고, 자기 아내를 엄청 사랑해서 발렌타인데이, 생일, 크리스마스 선물을 빠뜨리지 않네.' '내가 저런 아내만 있었다면 벌써 출세했을 거야.' 혹시 이러는 분 계십니까? 불행해집니다. 십여 년 전 한 목사님이 어떤 문제로 목회를 그만두면서 이런 얘기를 했던 기억이 납니다. "나에게 빌리 그레이엄 목사의 아내 루스

---

1) http://www.gskchurch.com/pca/westminster_shorter_catechism_Kor.pdf)

그레이엄 같은 아내만 있었다면 내 목회가 이러지 않았을 것이다."

모 일간지에 나온 기사입니다. 행복해지기 위해서 버려야 할 10가지 습관을 밝히는데 삶의 기본가치를 잊는 것, 자신의 마음을 무시하는 것, 현재에 안주하는 것, 언제나 바쁜 것, 증오와 분노, 너무 많은 생각, 자존심과 고정관념 그리고 '남과 비교하는 것'을 꼽았습니다. 그렇다면 남과 비교하지 말아야 하는 이유가 무엇일까요?

돈으로 행복을 살 수 없다

『정의란 무엇인가』의 저자로 유명한 하버드대 교수 마이클 샌델 (Michael Sandel)은 다른 저서 『돈으로 살 수 없는 것들』에서 이와 같이 말합니다. "세상에는 돈으로 살 수 없는 것들이 있다. 하지만 요즘에는 그리 많이 남아 있지 않다. 모든 것이 거래 대상이 되고 있기 때문이다." 그리고 그 예로 "교도소 감방 업그레이드 1박 82불, 나 홀로 운전자가 카풀차로 이용하기, 인도인 여성의 대리모 서비스 6,250불, 멸종 위기의 검은 코뿔소를 사냥할 권리 15만 불, (중략) 대기에 탄소를 배출할 권리" 등을 들고 있습니다. 그러나 그는 행복만은 돈으로 살 수 없다고 말합니다.[2]

---

2) https://books.google.com/books?id=Fx91nY4IY24C&printsec=frontcover&source=gbs_ge_
   summary_r&cad=0#v=onepage&q&f=false)

네덜란드 속담에 이런 말이 있다고 합니다. "돈으로 책은 살 수 있어도 지식은 살 수 없다. 돈으로 직위는 살 수 있어도 존경은 살 수 없다. 돈으로 관계는 살 수 있어도 사랑은 살 수 없다." 맞습니다. 돈으로 집(house)은 살 수 있어도 행복이 넘치는 가정(home)은 살 수 없다는 원리입니다. 만약 돈으로 구원도 살 수 있다고 착각한다면 주님은 이렇게 말씀하십니다.

> 낙타가 바늘귀로 나가는 것이 부자가 하나님의 나라에 들어가는 것보다 쉬우니라 하시니_막 10:25

> 은을 사랑하는 자는 은으로 만족하지 못하고 풍요를 사랑하는 자는 소득으로 만족하지 아니하나니 이것도 헛되도다_전 5:10

> 마른 떡 한 조각만 있고도 화목하는 것이 제육이 집에 가득하고도 다투는 것보다 나으니라_잠 17:1

종교적 욕심은 선하지 않다

종교적 욕심 역시 비교의식에서 시작되는 탐심이라고 할 수 있습니다. 남보다 인정받고 싶고, 남보다 명예를 얻고 싶은 마음이 종교적 열심 속에 숨어 있을 수 있습니다. 빌립보서 1장에 보면 사도 바울을 시기하는 전도자들이 있었다는 것을 기록하고 있습니다.

> 15어떤 이들은 **투기와 분쟁으로,** 어떤 이들은 착한 뜻으로 그리스도를 전파하나니…… 17그들은 나의 매임에 괴로움을 더하게 할 줄로 생각하여 **순수하지 못하게 다툼으로** 그리스도를 전파하느니라_빌 1:15, 17

기도하고, 성경 읽고, 선한 일에 헌금하는 일을 우리가 마땅히, 그리고 너그럽게 해야 하지만 '비교'하며 '시기'로 하는 것은 제10계명에서 금하는 행위입니다.

성경에서 가장 안타까운 사건 중 하나는 초대교회에 있었던 아나니아와 삽비라 부부 이야기입니다. 바나바가 자기의 밭을 판 값을 교회에 다 드려서 성도들의 인정을 받자, 아나니아와 삽비라 부부도 그런 인정을 받으려고 '다 헌금하지 못하면서 다 헌금한 것처럼' 얼마를 떼놓고 거짓말하며 헌금하다가 죽임당합니다(행 4:36~5:11)

비교가 이렇게 나쁜 것입니다. '기도도 내가 너보다, 봉사도 내가 너보다, 헌금도 내가 너보다……' 이것이 동기가 되면, 탐심의 죄를 짓는 것입니다.

욕심을 극복하라

욕심에서 자유할 수 있는 방법이 있을까요? 성경은 언제나 복음의 능력을 제시합니다. 복음의 능력은 **'벗고, 입고'의 다이내믹(dynamic)**을 이야기합니다. 그 다이내믹이 나오는 에베소서를 쉬운성경으로 읽어 보겠습니다.

> 28도둑질하는 사람이 있으면, 도둑질을 그만두고 새로운 마음으로 일을 시작하십시오. 그 손으로 열심히 일하여, 오히려 어려운 사람을 도우며 살아가십시오. 29말을 하려거든 남의 험담을 하지 말고, 다른 사람을 칭찬하는 유익한 말을 하십시오. 여러분의 말을 듣는 사람들이 도움을 받을 것입니다…… 31원한을 품거나 화내지 마십시오. 가시 돋친 말로 다른 사람의 마음을 아프게 하지 마십시오. 32친절히 대하고, 사랑과 온유함으로 하나님이 그리스도 안에서 여러분을 용서하신 것같이 서로를 용서하십시오._엡 4: 28~32, 쉬운 성경

욕심 부리지 않는 것이 '벗는 것(put off)'이라면, 복음으로 '입는 것(put on)'은 무엇일까요?

> 그러나 자족하는 마음이 있으면 경건은 큰 이익이 되느니라_딤전 6:6

비교

내가 궁핍하므로 말하는 것이 아니니라 어떠한 형편에든지 나는 자족하기를 배웠노니_빌 4:11

맞습니다. 자족(自足), 또는 지족(知足)입니다. 사도 바울은 이 자족의 비결을 배웠다고 고백하면서 우리가 가장 잘 아는 성경 구절 중 하나인 빌립보서 4장 13절을 선포합니다.

내게 능력 주시는 자 안에서 내가 모든 것을 할 수 있느니라_빌 4:13

여호와는 나의 목자시니 내게 부족함이 없으리로다_시 23:1

17비록 무화과나무가 무성하지 못하며 포도나무에 열매가 없으며 감람나무에 소출이 없으며 밭에 먹을 것이 없으며 우리에 양이 없으며 외양간에 소가 없을지라도 18나는 여호와로 말미암아 즐거워하며 나의 구원의 하나님으로 말미암아 기뻐하리로다_합 3:17~18

자족의 비결을 배우면 나만 채우려고 하는 삶에서 벗어나 드디어 내 이웃이 보입니다.
농구를 즐기는 한 아이가 남들과 비교하면서 자기는 다른 아이들처럼 좋은 농구화가 없다고 늘 불평했습니다. 그러다가 닉 부이치치

(Nick Vujicic)의 간증을 듣게 되었습니다. "내 옷장 안에 농구화가 있는데, 천국에서는 저 신발을 신으리라……." 이처럼 닉이 소망 속에 산다는 말에 그 아이는 신발이 아닌 두 다리가 있다는 것만으로도 감사할 줄 알게 되었다는 것입니다.

디즈니 영화 알라딘을 보면, 지니가 알라딘에게 마지막 세 번째 소원을 말해 달라고 하는 장면에서 오히려 알라딘이 지니에게 묻습니다. "너는 무엇을 원해?" 그때 지니는 어떤 주인도 자기에게 무엇을 원하는지 물어본 적이 없다고 말합니다. 만능의 지니는 가슴이 뭉클해지면서 눈물을 흘립니다. 자기 욕심을 채우는 수단으로 지니를 대하던 이전의 모든 주인과 달리 지니가 원하는 것을 묻는 새 주인 알라딘에게 감동한 것이죠.

자기 욕심을 채우기 위해 힘을 쓰는 세상에서 "내 뜻대로 마옵시고 아버지의 뜻대로 하옵소서" 기도하며 순종하신 예수님의 모습은 신선한 충격입니다. 털 깎는 자 앞에서 말이 없으시고, 정죄하는 자들 앞에서 변명하지 않으시고 십자가에 달리신 예수님! 그 예수님이 나와 함께하시는 것으로 우리는 충분합니다.

적용 질문

1. 크리스마스 때 받고 싶은 선물은 무엇입니까? 1~3순위까지 정해 보십시오.

....

....

....

2. 제10계명 본문이 보여 주는 인간의 탐심의 종류는 무엇입니까? (출 20:17)

   1) 네 이웃의 (   )
   2) 네 이웃의 (   )
   3) 네 이웃의 (   )

   내가 이 가운데 비교하며 탐내고 있는 것은 무엇입니까?

....

....

....

3. 사도 바울은 우리에게 탐심을 극복하는 방법 중 하나로 자족의 비결을 알려 줍니다. 내 환경을 뛰어넘는 내 마음의 변화를 가르쳐 줍니다. 환경은 그대로지만 자족하며 감사하게 되어 탐심을 극복한 간증이 있으면 나누어 봅시다(딤전 6:6; 빌 4:11; 시 23:1; 합 3:17~19).

....
....
....
....

4. 재물에 대한 탐심을 버리지 못해 예수님을 떠나가는 부자 청년을 보며 예수님이 제자들에게 하신 말씀은 무엇입니까(막 10:25~27)? 내 힘으로는 탐심을 버리지 못하기에 하나님이 탐심을 버리고 주님을 따를 수 있도록 내게 주신 사건은 무엇입니까?

....
....
....
....
....

5. 예수님은 겟세마네 동산에서 "내 뜻대로 마옵시고 아버지의 뜻 대로 하옵소서"의 기도를 드리시고 우리의 구원을 위하여 골고 다의 십자가에 달리셨습니다(막 14:36; 15:21~27). 내 탐심을 이루 기 위해 애쓰는 대신, 이제는 아버지의 뜻을 이루기 위해 힘써 야 할 것은 무엇입니까?

....

....

....

....

....

....

....

....

....

....

....

....

....

....

결론

십계명의 마지막 열 번째 계명은 우리에게 명령합니다. "네 이웃의 소유를 탐내지 말라." 탐욕이 무서운 이유는 그것이 모든 이웃 사랑을 가로막는 근원적인 죄이기 때문입니다. 탐욕의 죄는 스스로를 불행하게 여기고 이웃을 시기하며 이웃의 소유에 대해 불의하게 행동하게 만듭니다. 이렇게 무서운 죄가 남과의 비교를 통해 우리 안에 들어옵니다. 남과 비교하며 남이 가진 것을 돈으로라도 사서 행복해지려 합니다. 하지만 돈으로는 행복을 살 수 없습니다. 비교의식에서 시작되는 종교적 열심도 탐심의 죄를 짓는 것이며 하나님은 이를 기뻐하지 않으십니다. 욕심은 인간의 능력으로 극복할 수 없습니다. 복음의 능력으로 내 욕심을 벗고 자족의 비결을 배워야 합니다. 여호와가 나의 목자가 되어 주시고 구원의 하나님으로 말미암아 기뻐할 때 부족함이 없게 됩니다.

예수님은 자기 욕심을 채우는 세상에서 아버지의 뜻을 이루기 위해 십자가에 달리셨습니다. 세상의 영광이 아니라 우리의 구원을 위해 죽기까지 순종하셨습니다. 예수님의 십자가 사랑으로 내 욕심만 채우려는 삶에서 벗어나 내 이웃을 보기 원합니다. 세상 끝날까지 나와 항상 함께하시는 예수님으로 만족하면서 십계명의 하나님 사랑, 이웃 사랑을 실천하여 오직 하나님께 영광을 올려 드리시기를 축원합니다.

인생의 블루프린트 십계명

초판 발행일 | 2023년 4월 28일
지은이 | 김한요

발행인 | 김양재
편집인 | 김태훈
편집장 | 정지현
편집 | 김수연 진민지 김윤현
디자인 | 디브로㈜

발행한 곳 | 큐티엠
주소 | 경기도 성남시 분당구 판교공원로2길 22, 4층 큐티엠 (우)13477
편집 문의 | 070-4635-5318   **구입 문의** | 031-707-8781
팩스 | 031-8016-3193
홈페이지 | www.qtm.or.kr   **이메일** | books@qtm.or.kr
인쇄 | ㈜정현씨앤피
총판 | ㈔사랑플러스 02-3489-4300

ISBN | 979-11-92205-42-7 03230

큐티엠(QTM, Quiet Time Movement)은 '날마다 큐티'하는 말씀묵상 운동을 통해
영혼을 구원하고, 가정을 중수하고, 교회를 새롭게 하는 일에 헌신합니다.